**일본 간다면,
이 정도 역사는
알고 가야지**

**일본 간다면
이 정도 역사는 알고 가야지**

초판 1쇄 발행 2025년 9월 27일
초판 2쇄 발행 2025년 10월 18일

지은이 | 송덕호·이우권 공저
펴낸이 | 이우권
디자인 | 김효선
       (표지 그림: 이택종 / 본문 삽화: 송민주)

펴낸곳 | 대한민북
등 록 | 2024년 2월 14일(제2024-000029호)
이메일 | woo34115@naver.com
SNS | facebook.com/dougho.song
인 쇄 | 한영문화사

©대한민북, 일본 간다면 이 정도 역사는 알고 가야지, 2025
ISBN 979-11-994561-0-5 (03910)

※ 이 책은 저작권법에 따라 보호를 받는 저작물이므로 무단 전재와 복제를 금지합니다.
※ 잘못된 책은 구입처에서 바꾸어 드립니다.

일본 간다면, 이 정도 역사는 알고 가야지

일본 여행을 더욱 새롭게 즐기는 방법

송덕호·이우권 지음

대한민북

추천사

김봉철
• 더원인사노무컨설팅 대표 •

東京은 '동쪽에 있는 서울'이라는 뜻이다. 그런데 일본 지도를 보면 동경이 일본의 동쪽에 있는 것 같지는 않다. 왜 동경일까, 일본 사람들에게 동쪽의 기준은 뭔가, 궁금했던 적이 있다. 일본에 대해 학교에서 배우기도 했고, 책이나 TV 등을 통해 들은 것도 많다. 일본에 몇 번 가보기도 했다. 보통은 거기까지이고 나도 그랬다. 그러면서 일본에 대해 좀 안다고 생각했다. 동경이 왜 동경인지도 모르면서….

학술서도 아니고 여행 안내서도 아니고…. 이 책을 뭐라고 불러야 하나…. 한마디로 정의하기는 곤란하다. 일본에 대해 궁금한 것이 있었던 사람에게는 '아…, 그게 그랬나….' 하는 뒤늦은 깨달음을, 관심이 없었던 사람에게는 '그건 왜 그랬나?' 하는 생각거리와 호기심을 던져주는 책이다. 그렇다고 머리 아픈 책은 절대 아니다. 옆에서 얘기하듯 술술 잘 읽히게 잘 쓴 책이다. 그렇다면? 맞다. 일본에 관해 관심이 있는 지와는 관계없이 누구라도 가벼운 마음으로 한번 볼만한 책이다. 처음 가보는 도시에서 별생각 없이 들른 식당이 알고 보니 그 동네 맛집이었던 경험이 한 번쯤은 있지 않았던가.

―――― **이병현** ――――
• 전 삼성전자 주재원. 일본, 싱가포르 등지에서 오래 거주 •

제가 정말 아끼는 동료가 오랜 시간 공들여 쓴 책이 드디어 나왔습니다. 복잡한 역사 속에서 보편타당한 진실을 찾고 싶은 모든 분께, 바로 이 책을 자신 있게 추천해 드립니다. 전문 역사학자는 아니지만, 따뜻하고 균형 잡힌 시선이 담겨 있어 어떤 역사서보다 깊은 울림을 줄 것입니다.

 단순하게 사실만 나열하는 지루한 책이 아닌, 일본 역사의 흐름 속에서 어렵게 느껴졌던 부분들을 정말 쉽고 명쾌하게 풀어냈습니다. 특정 이념이나 국수주의에 치우치지 않고, 오직 중립적이고 보편타당한 시선으로 역사를 조망합니다. 다양한 역사적 사실과 해석을 균형 있게 제시해서, 읽는 내내 여러분 스스로 생각할 거리가 많아질 것입니다.

 일본 역사를 처음 접하는 분들께는 아주 훌륭한 길잡이가 될 것이고, 이미 아는 것이 많은 분들에게도 특정 이념에 갇히지 않고 역사를 다각적으로 바라보는 중요성을 새롭게 일깨워 줄 것입니다. 역사를 단순히 지식으로만 배우는 것이 아니라, 인간사와 시대의 본질을 이해하는 소중한 과정으로 안내할 것입니다.

--- 주재중 ---
• 전 하나생명 대표. 외환은행 동경법인장 등 역임 •

친밀감과 이질감을 동시에 주는 나라, 가깝고도 먼 나라 일본을 제대로 알기는 사실 쉽지 않다. 하지만, 이 책은 일본이 어떤 나라이고 왜 우리와 다른 저런 결정을 하는 걸까 하는 궁금증을 가지고 있는 독자들에게 딱 안성맞춤이다. 일본 역사의 각 시대에 있었던 사건과 등장인물들이 주요 장면과 함께 이해하기 쉽게 서술되어 있기 때문에 특히 일본사 입문자에게는 좋은 길잡이가 될 책이다.

'일본을 한 번도 가보지 않은 사람은 있어도 한 번만 간 사람은 없다'라는 말이 있다. 실제로 일본을 가보면 일본에 대한 본인의 역사의식과는 별도로 대다수 한국인은 편안함을 느낀다고 한다. 아마 한국과 닮은 점이 많아서 그럴 수도 있지 않을까. 이 책을 읽고 오늘의 일본을 이해하는 자신만의 시야를 가지고 일본 여행을 떠난다면 지금까지와는 다른 훨씬 더 많은 것을 보고 느낄 수 있을 것이다. 일본 여행을 준비하고 있는 젊은이들에게 꼭 일독을 권한다.

―――――――――――― 송지은 ――――――――――――
• 저자 송덕호의 30대 딸. 네이버 재무팀 근무 •

어느 날 아빠가 책을 썼다고 원고를 건네주셨다. 일본 역사였다. 기업 경영 분야에서 일하신 아빠의 전문 분야는 아니지만, 여행을 많이 하셨고 또 어느 여행지이든 그곳과 관련된 흥미로운 이야기를 들려주셨던지라 그다지 놀랄 일은 아니었다.

나도 일본 여행은 몇 번 해보았다. 좋은데 가서 사진 찍고 맛있는 음식들을 즐겼다. 그러나 여행을 몇 번 더 하게 되면서 일본을 조금 더 공부하고 가면 좋겠다는 생각이 들었다. 그러나 직장 생활에 바빠 시간을 낼 수 없었고, 큰 노력을 들이기는 솔직히 귀찮았다. 그런데 아빠의 글을 읽으면서 "아하!" 하는 느낌을 여러 번 받았다. 글이 평이하고 내가 몰랐던 혹은 어렴풋하게 알던 것들을 잘 정리했다. 더 많은 이야기를 하고 싶었을 테지만 꾹 참고, 나와 같은 문외한들의 소소한 집중력이 바닥나지 않을 정도로 글을 다듬고자 한, 깊은 고민의 흔적이 느껴졌다.

다음 일본을 여행하기 전에 한 번 더 꼼꼼하게 읽어 봐야겠다. 일본 여행의 재미가 레벨 업 될 것 같다.

차례

머리말 ... 12
이 책의 활용 및 구성 ... 16

1장. 곤니찌와! 일본이 궁금하세요?

01 잠깐만! 섬나라 일본의 지리·지명부터 ... 20
02 일본 역사가 우리와 다른 점 '네 가지' ... 24
03 일본은 시대를 어떻게 나눌까? ... 27
04 시대별 주요 사건 메뉴 ... 30
05 역사 중심의 이동: 규슈에서 도쿄까지 ... 32
06 일본과 한반도의 미운 정, 고운 정 ... 35
07 천황은 일본의 교황인가? ... 39
08 막부와 쇼군이 뭐지? ... 42

2장. 고대 : 백제와 일본은 연리지였나

09 잠깐만! 고대 시대 한눈에 훑어보기 ... 48
10 일본은 고분 시대라는 게 있었다? ... 51
11 찾아가 볼만한 고분은 어떤 게 있을까? ... 53
12 백제를 사랑한 아스카 시대 ... 57
13 일본인의 조상은 한반도 사람인가? ... 59
14 아스카 시대의 두 남자 ... 63
15 '일본'이라는 국호의 유래 ... 66
16 믿거나 말거나 일본서기 ... 69
17 60만 대군이 왜 왔을까? ... 74
18 고대의 끝, 나라(奈良)와 헤이안 시대 ... 79

3장. 중세 : 사무라이의 등장, 막부의 시대

19 잠깐만! 중세 시대 한눈에 훑어보기 ... 86
20 칼이 선이다. 최초의 가마쿠라 막부 ... 89
21 존재감이 약했던 무로마치 막부 ... 91
22 전국(戰國)시대의 최종 승자는 누구였나? ... 94
23 아! 허무한 죽음, 오다 노부나가 ... 98
24 오사카성의 주인, 도요토미 히데요시 ... 102
25 일본의 눈으로 바라본 임진왜란 ... 105
26 중세 마지막 대형 사건, 세키가하라 전투 ... 114

4장. 근세 : 도쿄에서 평화와 번영을 누린 에도 막부

27 에도(도쿄) 시대를 연 도쿠가와 이에야스 ... 122
28 잠깐만! 근세 시대 한눈에 훑어보기 ... 126
29 에도(江戶)는 황무지에서 수도 도쿄가 되었다 ... 131
30 막번 체제가 뭐지? ... 134
31 참근교대제(參勤交代制)가 가져온 뜻밖의 번영 ... 137
32 에도는 어떻게 세계 최대 도시가 되었을까? ... 141
33 서양과 츤데레 관계를 맺다 ... 145
34 학교에서 배우지 못한 조선통신사 이야기 ... 150
35 우리가 몰랐던 일본 근대화 성공 배경 ... 156

5장, 근대 : 사요나라 사무라이! 메이지 유신

- 36 세계 무대로의 등장 ... 162
- 37 잠깐만! 근대 시대 한눈에 훑어보기 ... 165
- 38 메이지(明治) 유신을 전후한 10가지 굵직한 사건 ... 174
- 39 근대 역사를 쌍끌이한 조슈(長州)번과 사쓰마(薩摩)번 ... 179
- 40 메이지 유신으로 권력의 중심에 선 천황 ... 182
- 41 메이지 유신 비틀어 보기 ... 185
- 42 메이지 유신 주요 인물 12인 신상명세서 ... 193
- 43 이토 히로부미는 영웅인가? 원흉인가? ... 199
- 44 서구 열강과 일본의 막전 막후 수싸움 ... 202
- 45 조선 개화기 34년과 일본 ... 208
- 46 만주국 이야기 ... 217
- 47 태평양 전쟁: 일본의 몰락 ... 221

6장, 현대 : 오늘날 일본의 몇 가지 이모저모

- 48 일본은 여전히 강한 나라인가? ... 228
- 49 천황과 총리대신(總理大臣), 독특한 일본 1당 정치 ... 232
- 50 일본의 행정 구역은 어떻게 나누지? ... 235
- 51 철도의 나라 일본 ... 238
- 52 세습 정치, 화(和), 서구 지향성, 교토, 먹거리 ... 243
- 53 일본어에 관한 몇 가지 흥미로운 이야기 ... 247

7장, 역사의 향기를 느낄 수 있는 도시를 찾아서

- 54 수도 도쿄는 근대 유적의 보물 창고 ... 256
- 55 도쿄 근교 가볼 만한 역사 유적지는? ... 261
- 56 일본의 정신적 수도 교토(京都) ... 266
- 57 도요토미 히데요시의 도시 오사카(大阪) ... 271
- 58 고대 역사의 향기 가득한 나라(奈良)와 아스카(飛鳥) ... 274
- 59 물류와 상업의 도시 나고야(名古屋) ... 277
- 60 매력 있네. 한반도와 가까운 규슈 지방 ... 279
- 61 그밖에 찾아보면 좋을 도시들 ... 284

머리말

나(송덕호)는 ...

젊은 시절, 일본 도쿄(東京)에 짧은 기간 살았다. 일본인들과 함께 일했고, 지방 출장도 다녔다. 서울로 돌아와서도 일본을 자주 방문하였다. 그러나 젊은 그때는 일본을 잘 몰랐다. 일본을 모른다는 인식조차 갖고 있지 않았다. 나이가 들고난 후 비로소 그 사실을 알게 되었다.

'엔슬'이라는 학습 모임 활동에 참여한 게 변화의 계기였다. 학습의 주제 중 하나가 일본 역사였다. 일본 답사 여행도 여러 번 다녀왔다. 이때 새로운 인식이 들기 시작하여, 일본이 다른 모습으로 다가왔다. 나이가 들어 세상을 넓게 보는 눈이 생긴 덕분인지도 모른다. 역사적 사실들을 소상히 들여다볼수록 일본과 일본 역사를 다른 시각으로 해석해야 할 부분이 많았다. 완전히 새로운 일본 공부였다. 우리가 그동안 학교에서 배웠던 역사 지식이 얼마나 단편적이었는지 새삼 깨달았다.

지난해 친구(이우권)가 일본에 관한 책을 써보라고 제안했다. 가끔 내가 꺼내던 일본 이야기를 흥미롭게 들어주던 친구였다. 평소 일본에 대해 크게 관심도 없고 아는 바도 없던 자신이 흥미를 갖게 되었으니, 그렇게 얘기하듯이 쓴다면 다른 독자들에게도 유익하지 않겠느냐는 논리였다. 베트남 호치민에서 연말을 함께 보내며 새해를 구상하던 자리였다. 망설여졌다. 내가 일본을 공부했지만 일본 전문가는 아니지 않은가. 그런데 조금 더 생각해 보니 그렇기에 오히려 더 좋은 글이 나올 수도 있겠다 싶었다. 전문가의 경우, 초보자의 심정을 모르고 정말 알고 싶은 것들을 건너뛰어 버리는 사례를 종종 보았기 때문이다. 그래서 용기를 내었다. 친구와 얘기 나누듯, 한 꼭지씩 간결하게 나 스스로가 공부하면서 "아하!"하는 느낌이 들었던 내용을 중심으로 써보기로 했다.

책 쓰기는 그렇게 시작되었다. 이후 친구가 묻고, 내가 답하면서 이야기가 이어졌다. 친구의 의문이 풀릴 때까지 이야기를 나누었다. 그리고 그 내용을 함께 적고, 다듬었다. 공동 저자가 된 이유다.

이 책은 일본 역사 전체를 다루지만, 역사 내용 모두를 기술하지는 않는다. 우리 한국 사람이 관심을 가질만한, 알면 좋을 것 같은 내용 위주다. 그냥 평이하게 써서 기초 지식이 필요하지 않다. 학창 시절에 배운 내용 정도만 기억하고 있어도 괜찮다. 오히려 그런 사람들을 위한 책이다. 시간이 없다면 선택적으로 읽어도 좋다. 각 소주제를 모듈식으로 구성하였기 때문이다. 일본 역사의 입체적 이해뿐만 아니라 여행을 돕기 위한 포인트들도 군데군데 넣었다.

나(이우권)는 ...

일본에 그다지 관심이 없었다. 몇 번 가보지도 않았다. 일본, 그리고 일본 역사에 대해서는 학교에서 배웠던 정도의 가벼운 내용만 아는 상태였다. 그런데 친구(송덕호)를 만나 일본에 관한 이야기를 하나둘 듣다 보니 흥미가 생겼다. 내가 이웃 나라 일본에 대해 이렇게 몰랐나 싶을 정도였다. 그래서 친구에게 그 이야기를 책으로 써보면 좋겠다고 제안하였다. 우리 둘이 나누었던 대화 내용이라면 다른 사람들에게도 도움이 될 것 같은 생각이 들었기 때문이다. 쉽게 생각했다.

그러나 책 만들기 작업은 그렇게 간단한 일이 아니었다. 책 내용 자체가 나의 의문과 질문에 연유하는 부분이 많다 보니 본의 아니게 같이 써야만 해서, 그래서 더 힘들었다. 긴 시간 둘이 숙고를 거듭했다. 자청한 고생이었다.

최근 일본을 여행하는 사람들이 늘고 있다. 경제적으로 부담만 되지 않는다면 일본 여행은 장점이 많다. 비행시간도 짧고, 음식도 우리 입에 잘 맞는다. 또 관광지들이 비교적 깨끗하고 잘 정돈된 모습이다. 자주 가기에 적당한 이웃 나라다. 그런데 이왕이면 좀 더 재미있고, 좀 더 유익하게 여행하는 방법이 없을까? 있다. 그것은 바로 일본 역사를 미리 공부하고 떠나는 것이다. 하지만 역사 공부? 쉽지 않다. 일본 역사 전체를 공부하려니 학습량이 너무 많고 전문적이다. 가벼운 책들이 있긴 한데

다루는 주제가 제한적이다. 그럴 때 이 책이 제격이라고 믿는다. 한눈에 쉽게 일본 역사를 이해하기! 그 점을 가장 염두에 두고 썼기 때문이다.

이 책은 일본을 여행할 때 이국 풍경뿐만 아니라, 그 속에 담겨있는 선인들의 삶도 같이 느끼기를 소망하는 마음에서 출발했다. 한국인이 가장 많이 가는 해외 여행지인 일본! 뭐라도 조금 알고 가면 여행의 맛이 달라지리라. 전문적인 지식이 없으면 어떤가. 이 정도 역사만 알고 가도 여행의 의미는 훨씬 깊어질 것이다.

비단 관광을 위한 여행자뿐만 아니다. 일본에 체류할 일이 있거나, 출장, 파견 근무 등 일본을 방문할 일이 있는 분, 아니 일본에 관심 있는 분이라면 그 누구라도 매우 유용하리라 생각한다.

일본은 라멘과 스시, 쇼핑의 나라만이 아니다. 오사카성을 간다면 천수각 위에 서서, 비록 적이었지만 도요토미 히데요시의 인생을 떠올려 보고, 나가사키 짬뽕 한 그릇에도 역사의 흔적이 묻어 있음을, 교토의 유적지에는 우리 선조의 숨결이 남아 있음을 느껴보는 그런 멋진 여행이 되었으면 좋겠다. 이 책이 그런 이야기를 들려주는 입담꾼이기를 소망한다.

2025년 여름을 보내며
송덕호 · 이우권 씀

이 책의 활용 및 구성

이 책은 일본 역사 전반을 다루고 있지만 내용이 쉽고, 간단한 편이다. 따라서 다음의 사람들에게 적합할 것이다.

- ✓ 일본 여행을 앞두고 간단하게 미리 일본 역사를 알고 싶은 사람
- ✓ 일본 관련 업무를 맡고 있어 상식적인 수준에서 일본 역사를 공부하고 싶은 사람
- ✓ 일본에 잠시 체류하거나, 파견, 출장 등을 앞두고 일본에 대한 이해가 필요한 사람
- ✓ 일본을 전문적으로 공부하고 싶은데, 시작 단계에서 전체 구조를 파악하고자 하는 사람
- ✓ 그 외 개인적으로 일본 역사에 관심이 있는 사람

이 책은 고대 역사부터 현대에 이르기까지 시대별로 구성하였으며, 그 순서는 다음과 같다.

- ✓ 일본 역사와 관련한 전반적 내용
- ✓ 일본 고대 시대(야요이, 야마토 등)
- ✓ 일본 중세 시대(가마쿠라 막부, 무로마치 막부)
- ✓ 일본 근세 시대(에도 막부)

✓ 일본 근대 시대(메이지 유신 이후)
✓ 일본 현대 시대(제2차대전 이후)
✓ 역사의 관점에서 본 일본 주요 도시들

❸
이 책은 모듈식으로 구성하였다.
각 시대 첫 부분에 해당 시대 전체를 개괄하고, 이어서 주요 주제별로 나누어 기술하였다. 시대별 소주제들은 서로 연결되기도 하지만 독립적인 내용을 담고 있다. 따라서 독자들은 목적에 따라, 또는 주어진 시간에 따라 선택적으로 읽어도 좋을 것이다.

1장

곤니찌와!
일본이 궁금하세요?

잠깐만! 섬나라 일본의 지리·지명부터
일본 역사가 우리와 다른 점 '네 가지'
일본은 시대를 어떻게 나눌까?
시대별 주요 사건 메뉴
역사 중심의 이동: 규슈에서 도쿄까지
일본과 한반도의 미운 정, 고운 정
천황은 일본의 교황인가?
막부와 쇼군이 뭐지?

01. 잠깐만! 섬나라 일본의 지리·지명부터

 "곤니찌와", "사요나라"라는 말은 친숙해도 "오하요", "곤방와"는 조금 낯선 나라. 도쿄, 홋카이도는 어딘지 알아도 간사이, 긴키는 잘 모르겠는 나라. 일본 역사를 처음 접할 때 일본말로 된 지리, 지명, 지도상 위치만 이해해도 한결 낫다. 그래서 본격 시작 전, 일본 지리에 관한 아주 기초적인 내용 몇 가지를 먼저 알아보자.

다음은 일본에 관한 역사를 공부하거나 여행할 때 자주 언급되는 기본적이고 간단한 지리적 용어들이다. 이 용어들에 대한 이해만 어느 정도 있어도 설명을 듣거나 안내 자료를 접할 때 매우 유용하리라 생각한다.

4개의 섬으로 이루어진 나라

일본은 크게 4개의 섬으로 구성된 나라다. 4개의 섬 중 가장 서남단에 있는 섬을 **규슈(九州)**라고 한다. 한국 사람들이 즐겨 찾는 후쿠오카가 규슈섬의 북쪽에 있다. 한반도와 제일 가까운 위치라고 할 수 있는데, 일본 고대 역사가 이곳에서 시작되었다.

규슈 위 동북 방향으로 길게 뻗은 섬은 **혼슈(本州)**라고 한다. 4개의 섬 중 가장 큰 섬이다. 이 섬 가운데 수도 도쿄가 있고, 서남쪽에 오사카, 교토 등 여러 도시가 모여 있다. 그 도시들을 중심으로 처음 일본 고대국가가 형성되었다.

혼슈 아래쪽 옆으로는 작은 섬 **시코쿠(四國)**가 있고, 가장 북쪽에 **홋카이도(北海道)**가 있는데, 이들 섬은 일본 역사의 중심인 적이 없어서 역사에서는 거의 이름을 찾아보기 어렵다.

간사이(關西) 지방과 간토(關東) 지방

알기 쉽게 간단히 말하면, 오사카, 교토 지역을 간사이 지방이라 하고, 도쿄 지역을 간토 지방이라고 부른다. 일본 옛 역사는 주로 간사이 지방에서 이루어졌다. 간토 지방에 속하는 도쿄는 에도 시대 이후 일본의 중심이 되어 오늘에 이른다. 이러한 역사적 배경 때문에, 두 지역은 오늘날에도 서로에 대해 묘한 경쟁의식을 갖고 있다.

긴키(近畿) 지방

'긴키'라는 말은 수도 주변을 뜻한다. 일본에서는 천황이 오랜 기간 교토에 거주하였기 때문에, 교토를 수도로 여겨 왔다. 따라서 '긴키'는 교토 주변을 의미하며, 오사카(大阪), 나라(奈良), 효고(兵庫) 등의 지역이 이에 해당한다.

'구니(國)'라는 표현

일본은 주고쿠(中國), 시코쿠(四國) 등 '국(國)'이라는 표현을 많이 쓰는데, 이 '국'은 국가를 의미하는 것이 아니라 그냥 지방(지역)이라는 의미로 사용해 왔다. 그래서 일본어에서는 '고향에 간다'라는 말을 '구니(國)에 간다'라고 표현하기도 한다.

오늘날과 다른 역사상 지명들

우리나라도 그렇듯 일본에서도 과거 사용하던 지명을 오늘날 달리 부르는 경우가 많다. 예를 들면 다음과 같은 지명들이다.

에도(江戶) ⋯▶ 도쿄(東京)
조슈(長洲) ⋯▶ 야마구치(山口)

사쓰마(薩摩) ⋯▶ 가고시마(鹿児島)

헤이죠쿄(平城京) ⋯▶ 나라(奈良)

헤이안쿄(平安京) ⋯▶ 교토(京都)

에치고(越後) ⋯▶ 니가타(新潟)

가이(甲斐) ⋯▶ 야마나시(山梨)

오와리(尾張) ⋯▶ 아이치(愛知)

4개의 섬으로 이루어진 나라

02. 일본 역사가
우리와 다른 점 '네 가지'

 일본은 우리와 지리적으로만 가까울 뿐이지 사회구조는 매우 다르게 발전해 왔다. 천황제도가 그렇고 무인 중심 체제가 그렇다. 사농공상 계급이 있었으나 '사(士)'는 선비가 아니라 무사를 뜻한다. 이처럼 일본이 우리나라와 다른 독특하고 이상하게 보이는 점은 무엇일까?

천황과 막부 체제의 병립

일본에도 우리나라의 왕처럼 '천황'이라는 왕이 줄곧 존재했다. 하지만 실질적, 세속적 통치자는 천황이 아니었다. 무사 정권인 막부의 쇼군(將軍)이 지배했다. 일본은 700여 년이라는 긴 시간에 걸쳐 이러한 막부 체제를 계속 유지하였다. 천황은 상징적으로만 존재했다. 그렇다고 천황이 아예 무시된 것은 아니었다. 현실적 통치자는 아니더라도 고유의 역할이 있었기 때문이다. 쇼군은 그 지위를 천황으로부터 하사받았다는 점을 권위의 원천으로 삼았기 때문에, 천황의 존재가 쇼군 자신에게도 매우 소중했다.

무인 중심 체제

막부는 무인들의 집합체였다. 우두머리인 쇼군부터 시작해서 집단 구성원 전체가 무인이었다. 그러다 보니 일본은 근대에 이르기까지 무인 중심으로 사회가 유지되었다. 우리나라처럼 관리를 뽑는 과거제도 같은 것도 없었다. 사농공상(士農工商)이라는 사회적 계급이 있었지만, 지배층인 '사(士)'가, 조선처럼 '선비'가 아니라 일본은 사무라이, 즉 '무사(武士)'였다는 점이 큰 차이라 할 수 있다.

지방 분권적 일본

우리나라는 통일 신라 이후 조선에 이르기까지 천년 넘게 중앙집권적 체제를 유지하였다. 지방은 중앙에서 관리를 파견하는 방식이었다. 그러나 일본은 막부가 전국을 통치하였으나, 각 지방은 '다이묘'라는 토착 영주들이 지배했다. 그리고 다이묘의 지위는 세습되었다. 유럽의 봉건 체제와 유사했다. 이런 연유로 일본은 오늘날에도 지방 분권적 성격이 강하게 남아 있다.

왕조가 아니라 막부에 의한 시대 구분

우리나라나 중국은 왕조가 바뀌면 나라 이름도 바뀌었다. 따라서 시대 구분도 '고려시대', '조선시대'처럼 나라 이름을 기준으로 하였다. 그러나 일본은 천황 체제가 계속 이어졌기 때문에 국호를 바꾸지 않았다. 이런 이유로 일본은 시대를 구분할 때, 우리와 달리 통치권자인 막부가 본거지로 삼았던 지방 이름을 사용하고 있다.

03. 일본은 시대를 어떻게 나눌까?

 평소 역사 자료를 보면 대체로 무슨 시대, 무슨 시대 이렇게 나누어 설명한다. 한 나라의 수천 년 역사를 효과적으로 설명하기 위해서는 어쩔 수 없는 일이다. 이 책도 그렇다. 학문적 내용은 아니지만, 편의상 흔히 사용하는 구분법에 따라 시대를 몇 개로 나누어 살펴보기로 한다.

일본 역사는 일반적으로 크게 **고대, 중세, 근세, 근대**, 그리고 **현대**로 구분한다. 시대별 주요 특징은 다음과 같다.

고대

고대는 원시 시대부터 국가가 세워지는 시기까지라고 할 수 있겠다. 일본 역사를 설명할 때 자주 등장하는 **고분 시대, 아스카 시대, 나라 시대, 헤이안 시대** 등이 포함된 기간이다. 우리나라와 비교해 보자면 역사 시작부터 대충

13세기 고려 중기까지라고 할 수 있다. 이 시기에는 한반도와 교류가 활발했다.

중세

중세는 막부 체제의 시대로서, **가마쿠라 막부, 무로마치 막부**가 집권했던 시기로, 그다음에 들어선 에도 막부 체제 전까지를 말한다. 우리나라 고려 중기부터 임진왜란 즈음까지다. **센고쿠(戰國) 시대** 같은 혼란기도 포함되어 있다.

근세

근세는 **에도 막부 시대**를 말한다. 에도 막부 시대는 이전에 존재했던 막부들과는 사회 체제나 생산 방식 등이 크게 다르기에 따로 구분한다. 메이지 유신 이전 200여 년의 기간으로 오늘날 일본 문화의 뿌리가 된 시기라 할 수 있다.

근대

근대는 일본이 개항하여 서구 문물과 제도를 받아들이고, 근대화로 변모해 간 시기이다. 소위 말하는 **메이지 체제**다. 군국주의가 강화되어 태평양 전쟁을 일으키고,

1945년 전쟁이 끝날 때까지 100년이 채 되지 않는 기간이다.

현대

현대는 제2차 세계대전 이후부터 오늘까지의 시기를 말한다. 미국이 부여한 **평화 헌법** 하의 국가 체제이다.

일본의 역사 시대를 표로 정리해 보면 아래와 같다.

구분	시기	주요 내용
고대	~13세기 (고려 중기)	야요이 문화, 고분시대, 야마토국, 아스카 시대, 나라 시대, 헤이안 시대
중세	13세기~17세기 (임진왜란 즈음)	가마쿠라 막부, 무로마치 막부, 전국 시대, 임진왜란
근세	17세기~19세기 (메이지 유신)	에도 막부
근대	19세기~제2차 세계대전 종전	메이지 유신, 군국주의, 태평양 전쟁
현대	제 2차 세계대전 이후	경제 부흥, 잃어버린 30년

04. 시대별 주요 사건 메뉴

 앞에서 일본 역사를 시대별로 구분해서 간단히 설명해 보았다. 고대, 중세, 근세, 근대 그리고 현대였다. 복습의 의미에서 시대별로 기억해 둘만한 주요 사건과 핵심 내용을 메뉴판 형식으로 다시 한번 정리해 보자.

고대

- 한반도에서 쌀농사 도입 등 문명의 시작
- 고대 국가의 성립(야마토국)
- 고분 시대(엄청나게 많은 고분 축조)
- 아스카 시대(백제 등과 활발한 교류)
- 나라(奈良) 시대
- 헤이안 시대(교토 수도의 시작)

중세

- 가마쿠라 막부(미나모토노 요리토모)
- 무로마치 막부(아시카가 요시미쓰)
- 센고쿠(戰國) 시대(오다 노부나가, 도요토미 히데요시)
- 임진왜란(분로쿠 전쟁, 케이죠 전쟁)

근세

- 에도 막부(세키가하라 전투, 도쿠가와 이에야스)
- 막번 체제
- 교통과 상업의 발달
- 서구와 교류

근대

- 메이지 유신
- 군국주의 팽창(만주국, 중일전쟁)
- 태평양 전쟁

현대

- 미국 군정 아래서 현대 일본 헌법 체제 구축
- 경제 성장
- 잃어버린 30년

05. 역사 중심의 이동: 규슈에서 도쿄까지

 일본도 개국 이후 시대별로 중심 지역이 계속 달라져 왔다. 우리 역사가 삼국시대 각 거점에서 시작되어 지금의 서울로 옮겨왔듯이 일본은 서남쪽 지방인 규슈에서 역사가 처음 시작되어 현재의 수도인 도쿄로 중심을 이동해 왔다. 그 과정을 대략 살펴보자.

일본의 고대 역사는 규슈와 긴키 지방을 중심으로 전개되었다. 규슈 사가현의 일부 지역은 벼농사가 최초로 이루어졌고, 규슈 남쪽에는 가야국과의 관계를 유추할 수 있는 지명들이 다수 남아 있다. 야마토국이 성립하면서 역사의 중심이 긴키 지방으로 옮겨 간 것으로 추정되는데, 아스카, 나라, 헤이안(교토) 등 지역이 모두 긴키 지방에 있다.

중세 가마쿠라 막부는 도쿄 아래쪽 가나가와현에 위치하였다. 가마쿠라는 당시 통치의 중심이었던 교토에서는 먼 변방이었는데, 막부 창시자 미나모토노 요리토모가 이곳을 거점으로 선택, 막부를 세움으로써 한동안 일본을 지배하는 중심이 되었다. 그다음 무로마치 막부는 자신들의 본거지를 다시 교토로 옮겼다. 무로마치는 현재 교토 시내의 작은 거리 이름으로 남아 있다.

근세는 에도 막부 시대였다. 세키가하라 전투에서 승리한 도쿠가와 이에야스는 자신의 본거지인 에도에 막부를 열었다. 지금의 도쿄이다. 에도 역시 당시에는 변방이었으나, 막부의 중심이 됨에 따라 크게 발전하였다. 특히 도쿠가와 막부는 잠재적인 경쟁자인 각 지방 번(다이묘)들의 세력 약화를 위해 이들 번들을 동원하여 에도 도시 건설을 진행했다.

근대의 중심지 또한 도쿄였다. 에도 시대에 계속 교토에 머물던 천황도 메이지 유신 이후 도쿄로 옮겨 오게 되었다. 그리하여 도쿄는 모든 면에서 국가의 중심이 되어 오늘에 이르고 있다.

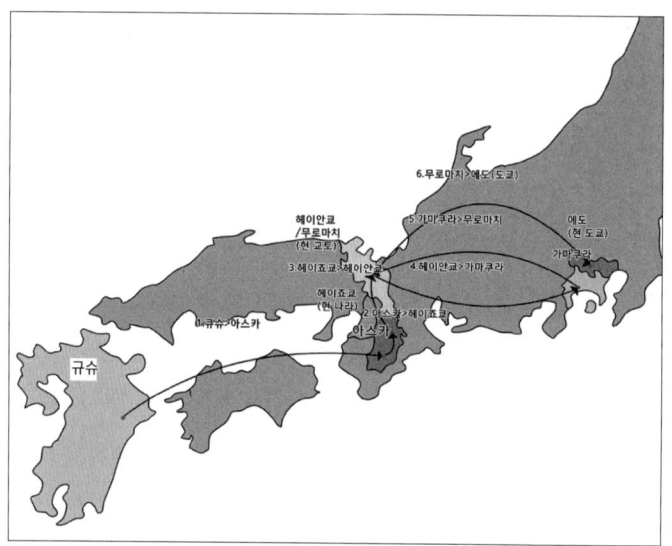

시대별 중심 지역 변화

06. 일본과 한반도의 미운 정, 고운 정

 이웃사촌 일본? 아니다. 현재의 한일 관계는 이웃 5촌, 6촌 그 이상 격이다. 이웃은 이웃인데 흔히 말하는, 멀고도 가까운 이웃이라는 표현이 딱 맞다. 과거를 돌아보면 관계가 밀접했던 시기도 있었지만, 갈등과 충돌의 역사 또한 많았다. 그동안 일본과 한반도 사이는 어떻게 변화해 왔을까?

한반도와 일본, 즉 일본과 우리나라는 지리적으로 이웃하여 있는 관계로 고대부터 밀접한 관계를 맺어 왔다. 때로는 우호적 관계, 때로는 대립의 관계였다. 고대 이후 조선에 이르기까지 그동안 역사적으로 어떤 변화를 겪었는지 간단히 정리해 보자.

인구 이동 및 쌀농사 전수

일본 고대에 조몬 토기 시대와 야요이 토기 시대가 있었다. 대체로 벼농사가 시작된 이후의 사람들이 야요이 토기를 사용했다고 한다. 그 벼농사는 한반도에서 전해진 것으로 보고 있다. 대표적 유적이 규슈의 요시노가리이다.

가야와의 관계

일본의 신화를 보면 가야 개국 신화와 매우 유사하다. 실제 일본 전역에 '가야' 혹은 '가라'라는 지명이 많이 남아 있다. 역사가들은 일본이 매우 이른 시기에 가야와 관계를 맺었을 것으로 보고 있다.

백제와의 관계

백제는 일본 고대에 가장 밀접한 관계를 유지한 국가라고 할 수 있다. 불교나 한자 같은 것도 백제를 통해서 들어갔고, 일본 고대 지배층도 백제와 긴밀한 관계를 유지하였다. 대표적 인물이 소가씨, 쇼토쿠 태자 등이다. 백제 무령왕이 일본에서 태어났고, 일본 천황가도 백제의 피가 섞였다고 알려져 있다.

그러다 663년 일본의 백제 지원군이 백촌강 전투에서 패배하고, 백제가 완전히 멸망한 후 두 나라 관계는 단절되었다.

신라, 고구려와의 관계

백제만큼은 아니었지만, 신라, 고구려도 일본과의 교류가 많았다. 광개토대왕비에 왜군이 침입하여 고구려가 내려와 물리쳤다는 내용이 있다. 호류지 금당 벽화를 그린 담징도 고구려 사람으로 알려져 있다. 그러나 신라의 삼국 통일 이후 한반도와 일본은 긴밀한 교류 없이 각자의 역사를 열어 나갔다.

고려와의 관계

고려시대 역시 일본과 긴밀한 관계는 아니었다. 몽고가 일본을 침입할 때 고려군이 합세하였는데, 일본은 그것을 하나의 역사적 상처로 기억한다고 한다. 고려 말기에는 왜구가 준동하여 고려 국력을 피폐하게 한 원인이 되었다. 그 왜구를 진압하는 과정에서 득세한 이성계는 결국 왕까지 올랐다.

조선과의 관계

조선은 대마도를 통하여 꾸준하게 일본과 접촉하고 있었으나, 의미가 큰 교류는 아니었다. 그러다가 일본의 침입(임진왜란)으로 한반도에서는 명나라까지 가세한 대규모 국제전이 벌어졌다. 결국 임진왜란으로 3개국 모두 역사에 큰 변화를 겪게 된다.

조선 후기 들어와 에도 막부와 통신사를 앞세운 교류를 하였는데 역사상 흔치 않은 평화스러운 관계의 시기였다고 할 수 있겠다. 이후 서구 세력이 들어오고 근대화가 진행되는 과정에서 조선은 일본의 식민지로 전락하여 역사에 깊은 상처를 남겼다.

요시노가리

07. 천황은 일본의 교황인가?

 천황은 일본의 상징이다. 하지만 우리나라의 왕과 달리 실제 통치하지는 않았다. 일본 국가 체제의 큰 특징 중 하나로 고대부터 현재 126대까지 이르고 있는 천황. 과연 천황은 신(神)과 같은 존재인가? 교황 같은 절대자인가? 아니면 이빨 빠진 호랑이인가?

일본을 생각할 때 가장 먼저 머리에 떠오르는 단어 중 하나가 '천황'이다. 천황은 고대에 야마토국이 세워지면서 처음 등장하였다. 그런데 우리나라의 왕과는 좀 다른 존재였다. 왕이지만 실제 통치는 하지 않았고, 세속적 통치는 쇼군이 하였다.

일본의 국사 교과서에는 다음과 같이 기술되어 있다.
『일본 고사기와 일본서기에 의하면, 야마토 조정의 시조는 진무 천황으로, 군세를 모아서 발상지인 히유우가(日向)에서 세토 내해를 지나, 나니와, 기이, 쿠마노, 요시노 등을 거쳐, 야마토 땅을 평정해서 카시하라(橿原)의 궁에서 즉위했다고 전해진다. 이러한 진무 동천의 이야기는 그대로 역사적 사실이라고 보기는 어려우나, 벼농사가 규슈에서 기나이 지방(오사카 근교)으로 급속히 보급되는 야요이 시대에 규슈 세력이 기나이 지방으로 동진했던 역사를 말하고 있는 것으로 본다.』

이 기록을 근거로 일본 천황은 진무 천황부터 시작하여 현재 레이와 천황까지 126대로 이어지고 있다고 한다. 9대 천황까지는 기록이 없어 신화와 같이 보고 있으며, 10대 때부터 부분적인 기록이 있다. 제대로 된 기록은 15대 때부터다. 중앙집권적 체제는 26대 게이타이 천황 때 만들어졌다.

게이타이 천황은 백제의 무령왕과도 밀접한 관계가 있다. 무령왕의 아버지 부여 곤지는 일본을 자주 다녔는데, 어떤 이유로 일본에 정착하게 되었고, 일본에서 무령왕을 낳았다. 일본에서 태어난 무령왕은 후에 백제로 건너가 왕이 되었다. 부여 곤지는 세 아들을 두었으나, 무령왕 동생들의 이름은 전해지지 않는다.

그런데 어느 일본 신사에서 발견된 기록에 의하면 "무령왕이 자기 동생이 일본의 왕으로 있을 때 선물을 보냈다."라는 내용이 있다. 이를 근거로 학계에서는 무령왕과 게이타이 천황의 시기가 겹치기도 하고, 게이타이 천황의 기록에 모호한 구석이 있어 그가 무령왕의 동생일 것이라고 주장하기도 한다.

한편, 2001년 아끼히토 천황은 기자 회견에서 간무 천황의 어머니(고야 신립)가 무령왕의 자손이라는 속일본서기의 기록을 언급하며, 한국과의 인연을 느낀다고 말한 적이 있다. 천황이 공식 석상에서 직접 그러한 내용을 언급한 것은 하나의 사건이었다.

일본에서는 7세기부터 천황이라는 명칭을 사용했다. 이에 대해 중국이 문제를 제기하였다는 이야기는 없다. 만약 조선에서 황제라는 표현을 썼다면 중국은 이를 사용하지 못하게 하지 않았을까? 그만큼 우리나라는 중국과 가깝고 긴밀한 관계를 유지하였던 반면, 일본은 먼 곳에 있는 섬나라였기에 방치되어 오히려 자유롭게 자신들만의 세계를 만들어 갈 수 있었을 것이다. 일본을 이해하기 위해서는 이러한 특성을 염두에 두는 게 중요할 것 같다.

08. 막부와 쇼군이 뭐지?

 옛날 일본 영화를 보면 막부와 쇼군이 자주 등장한다. 일본에서 실질적 통치는 이 막부의 우두머리인 쇼군이 담당하였다. 쇼군은 우리말로 장군이다. 쇼군이 정사를 보던 본부를 막부라고 하는데 약 700년 동안 이 막부가 일본을 지배하였다. 따라서 일본 역사를 알기 위해서는 쇼군과 막부에 대한 이해가 필수다.

천황은 고대에 생긴 이후 현재까지 줄곧 존재해 왔다. 하지만 중세 및 근세에 걸친 긴 기간 실제 통치를 하지는 않았다. 실제로 통치를 담당한 사람은 쇼군이었다. 쇼군의 한자 표기는 '將軍'이고, 우리말로는 '장군'이다. 정이대장군(征夷大將軍)의 약어다. 정이대장군은 오랑캐를 토벌하는 장군이라는 의미인데, 그 당시 오랑캐는 일본 동북쪽에 사는 원주민이었을 것이다.

쇼군이 정사를 보던 본부를 막부(幕府, 바쿠후)라고 한다. '막'은 천막 혹은 막사의 '막'을 의미한다. 전쟁 중에 전투 현장에 임시로 천막을 치고 지휘부를 두었던 전통에서 내려온 이름이다. 일본 역사에 막부는 3개가 있다. **가마쿠라(鎌倉) 막부**, **무로마치(室町) 막부**, 그리고 **에도(江戶) 막부**이다. 가마쿠라 막부는 미나모토 요리토모(源賴朝) 이래 9대, 아시카가(足利) 집안의 무로마치 막부는 15대, 그리고 도쿠가와(德川) 집안의 에도 막부도 15대로, 총 700여 년 동안 일본을 지배하였다.

근대에 들어와 메이지 유신을 하면서 쇼군의 막부 체제는 무너지고, 천황에게 통치권이 넘어가게 되었다. 서양사람들이 처음 일본에 왔을 때 천황 대신 쇼군이 실권을 쥐고 있는 모습을 보고서는, '천황은 유럽의 교황, 쇼군은 왕'같은 존재로 이해했다고 한다.

일본은 과거 정치 체제를 막번(幕藩) 체제라고 부른다. 막부와 번으로 구성된 체제라는 뜻이다. **막부**가 중앙의 지배 권력을 가지고 있었고, 각 지방에는 **번**이 있어 그 지역을 지배했다. 중앙집권적 지방분권제라고 볼 수 있을 것 같다. 세금도 각 지방에서 번의 영주가 거두었다. 후에 메이지 유신을 하면서 폐번치현(廢藩置縣)을 하여 번이 없어지고, 비로소 중앙 집권 국가가 되었다. 일본은 오랜 기간 지방 분권적 통치를 해왔기 때문에 오늘날에도 그 색채가 많이 남아 있다.

2장

고대

백제와 일본은 연리지였나

잠깐만! 고대 시대 한눈에 훑어보기
일본은 고분 시대라는 게 있었다?
찾아가 볼만한 고분은 어떤 게 있을까?
백제를 사랑한 아스카 시대
일본인의 조상은 한반도 사람인가?
아스카 시대의 두 남자
'일본'이라는 국호의 유래
믿거나 말거나 일본서기
60만 대군이 왜 왔을까?
고대의 끝, 나라(奈良)와 헤이안 시대

09. 고대 시대 한눈에 훑어보기
잠깐만!

옛날 고대 이야기는 별로 재미가 없다. 대부분의 나라가 다 그렇듯 고대는 역사 자료가 빈약하고 피부에 와 닿지도 않아 솔직히 조금 지루하다. 일본이라고 해서 뭐 별다를 게 있겠는가. 그래도 꾹 참고 한번 살펴보자.

일본의 고대는 세계 다른 여느 지역과 마찬가지로 구석기 시대부터 시작해서 문명이 발전해 나가는 과정이었다. 수만 년 전 빙하기에는 해수면이 지금보다 훨씬 낮아서 일본이 한반도뿐 아니라 중국, 태평양 지역 등과도 육지로 연결되어 있었다고 한다. 그러나 이 책에서는 그 옛이야기는 건너뛰고 고대 국가를 만드는 시점부터 시작하고자 한다.

일본은 가마쿠라 막부가 등장하는 13세기 이전을 고대

로 분류한다. 일본 고대는 국가가 생기기 전의 전반부와 국가가 성립한 후의 후반부로 나누어 볼 수 있다. 구체적으로, 전반부는 조몬 시대, 야요이 시대, 고분 시대, 후반부는 아스카 시대, 나라 시대, 헤이안 시대로 구분하여 기억하면 좋을 것 같다.

조몬 시대나 야요이 시대는 모두 석기 시대인데, 대개 벼농사 여부로 나눈다.

조몬 사람들과 야요이 사람들은 종족 자체가 달랐다. 조몬인은 원래부터 일본 섬에 살던 사람들이고, 야요이인은 한반도에서 넘어온 사람들이라고 본다. 야요이인이 벼농사 기술을 가지고 일본으로 넘어온 것이다. 야요이 시대가 되면서 급격한 인구 증가가 있었는데, 자연적 증가의 수준을 넘어서기 때문에 외부로부터 이주가 있었을 것으로 추정한다. 당시 한반도에서 일본으로 대규모 이주를 했다면 뭔가 큰 사건이 있지 않았을까 싶다. 혹시 어쩌면 고조선 멸망 시 한반도 사람들이 벼농사와 같은 선진 문명을 갖고 바다를 건너온 것은 아닐까.

야요이 시대 다음으로는 고분 시대이다. 이 시기 엄청나게 많은 고분이 만들어져 그렇게 부르고 있다. 고분 시대에는 지역마다 작은 소국들이 생겨났는데, 그중 최대 세력이 '야마토국(大和國)'이었다. 그리고 야마토국 왕을 현재 일본 천황의 시조로 여기고 있다.

야마토라는 고대 국가가 생긴 이후가 아스카 시대이다. 아스카는 나라(奈良)의 한 지역 이름으로, 아스카 시대의 기간은 100여 년 정도다. 이 시대의 주요한 역사적 사실로는 우리나라 교과서에도 나오는 성덕 태자(쇼토쿠 태자) 관련 사실들, 백제와의 교류, 그리고 한반도에 대규모 병력을 파견했던 백촌강 전투 같은 것들이 있겠다.

아스카 시대 이후, 나라 시대 80여 년, 헤이안 시대 300여 년이 이어졌다. 이 시대는 한반도와 긴밀한 교류가 없었기 때문에 우리에게 특별히 흥미를 끌 만한 역사적 내용은 별로 없는 것 같다.

10. 일본은 고분(古墳) 시대라는 게 있었다?

 고분(古墳)? 맞다. 옛 무덤을 말한다. 고분은 우리나라에도 꽤 많다. 하지만 일본은 훨씬 더 많다. 그러다 보니 시대 구분을 할 때 일본은 특이하게 고분 시대를 별도로 둘 정도다. 고분이 도대체 얼마나 많길래 그럴까?

고분은 말 그대로 옛 무덤이다. 고대 역사에 대한 기록은 대부분 불충분한데, 그 부족한 부분을 채워나가는 역할을 하는 학문이 고고학이다. 고고학은 고분에서 가장 풍부한 정보를 얻어낸다.

우리나라에도 고분은 많다. 경주에 다수의 왕릉이 있고, 전라도, 충청도 지역에도 꽤 남아 있다. 그러나 한반도에서 고분이 가장 많이 남아 있는 곳은 아마 옛 가야 지역이 아닐까 싶다. 가야의 영토였던 김해, 창녕, 함안 등지에서 다양한 고분을 볼 수 있기 때문이다. 최근에는 유네스코 문화 유적으로 등재가 되었다.

그런데 일본에는 이보다 훨씬 더 많은 고분이 지어졌고, 현재까지 남아 있다. 3세기 중후반부터 7세기까지 400여 년의 기간 동안 총 16만기의 고분이 축조된 것으로 추정되고 있으며, 이 기간을 특별히 고분 시대라고 부른다. 한반도와 비교해 보면, 고구려, 백제, 신라가 성립되어 가던 시기이다. 일본의 경우 야요이 시대부터 아스카 시대 전까지의 시기라고 할 수 있다. 정치적으로 보자면 규슈와 혼슈 각지에 소국들이 나타나기 시작하던 때였고, 야마토라는 고대 국가도 이즈음 탄생했다.

이렇게 매우 활발하게 세워지던 고분은 7세기가 되면서 자취를 감추게 되는데, 불교의 전래로 매장 풍습이 바뀐 결과로 추정하고 있다.

11. 찾아가 볼만한 고분(古墳)은 어떤 게 있을까?

 경주 대왕릉을 보고 옛날 왕 무덤이 크다고 생각하면 오산이다. 일본에는 현존하는 고분 수도 많지만, 규모 또한 세계 최대 수준이다. 대표적인 형태인 전방후원분의 경우 일본 전역에 약 2천 개가 넘는다고 한다. 그럼, 대표적인 일본 고분들을 만나보고 싶다면 어디로 찾아가야 할까?

고대 시대의 고분(古墳)은 국가별로 만든 형식이 조금씩 달라서 그들의 영토 영역을 추정하는데 참고가 된다.

  간단히 말하면, 우리의 경우 고구려 고분은 **적석총** 혹은 **적석묘**라고 하는데, 돌을 쌓아서 무덤을 만든다. 신라 고분은 **적석목곽분**(돌무지덧널무덤)이라고 하는데 나무로 곽을 만들고, 그 위에 흙을 쌓아 올리는 형태이다. 백제 고분은 **횡혈식석실분**(굴식돌방무덤)으로서, 출입이 가능한 문을 옆쪽에 만드는 형태다.

일본의 경우에는 **전방후원분** 혹은 **장고분**이 대표적 형태다. 열쇠 구멍처럼 앞쪽은 사각형이고 뒤쪽은 둥그런 형태를 가진 모습이다.

전방후원분은 일본에 2천여 개가 남아 있고, 우리나라 영산강 유역에도 유사한 형태의 고분이 18개 존재한다. 이 영산강 전방후원분에 대해서는 다양한 해석이 있다. 극우 일본 학자들은 이를 근거로 일본이 영산강 유역을 식민지로 삼았다고 주장하기도 한다. 그러나 국가 자체도 아직 제대로 성립되지 않았을 당시에 바다 넘어 식민지를 개척하는 등의 활동을 했다는 건 다분히 비현실적이다. 뚜렷한 국가 개념도 약하고, 국경도 제대로 없던 그때 사람들은 서로 섞여 살았을 테고, 일본 열도 사람들이 중국과 교류를 위해 중간 기착지로 영산강 유역에 나와 살았을 가능성도 있다. 그래서 "당시 그 일본 사람 자기들이 쓴 무덤이 아닐까"라고 생각하는 학자도 있다.

일본 고분 중에서 유명한 몇 가지를 지역별로 정리해 보자.

오사카의 고분군

오사카 사카이시(堺市) 도회지에 **모즈(百舌鳥) 고분군**이 있다. 모두 21기의 고분이 있는데, **후루이치(古市) 고분군**과 함께 유네스코 세계문화유산으로 등재되어 있다. 그중 가장 규모가 큰 **다이센(大仙) 고분**은 닌토쿠 천황릉으로 여겨지며, 세계 3대 고분 중 하나로 꼽힌다. 고분들에서 환두대도, 청동 거울 등이 출토되었는데, 이러한 유물로 볼 때 백제계 사람의 무덤일 것으로 보고 있다.

후루이치(古市) 고분군은 오진 천황릉을 포함한 고분들이다. 모즈 고분군과는 달리 10km 내륙에 있다.

나라의 마키무쿠(卷向) 고분군

나라현 미와산(三輪山) 주변에 여러 고분이 있다. 하시하카(箸墓) 고분을 중심으로 호케노야마 고분, 이시즈카 고분 등 9개의 전방후원분으로 구성되어 있다. 하시하카 고분은 일본 열도에 처음 출현한 정형화된 최대의 전방후원분이다. 최초의 왕묘로서 히미코의 무덤으로 비정(比定)되고 있다고 한다.

여기에서 출토된 삼각연신수경(三角緣神獸鏡) 같은 철제 유물로 볼 때 가야 지역과의 교류를 짐작하게 한다. 또한 이 지역은 일본 최초의 고대 국가라고 여겨지는 야마타이 지역으로 추정되는 곳이다.

규슈 구마모토 지역 에다후나야마(江田船山) 고분

구마모토현 다마나시(玉名市)에 소재한다. 가장 오래된 고분으로 금동관과 금제 장신구들이 출토되었다. 출토된 금동관모와 금동 신발은 익산 고분에서 나온 유물과 매우 흡사하여 백제와 관련된 사람의 무덤일 것으로 보고 있다.

나라 아스카 미야코즈카(都塚) 고분

나라현 아스카무라(飛鳥村)에 있다. 돌을 계단형으로 쌓아 올린 사각형 무덤으로 고구려식 고분과 유사하다. 이 지역은 7세기경 소가씨의 본거지였다.

다이센릉

12. 백제를 사랑한 아스카(飛鳥) 시대

 고대 일본은 한반도 백제와 인연이 깊었다. 특히 아스카 시대가 그랬다. 아스카 시대는 100여 년이라는 비교적 짧은 기간에 불과했지만, 한반도와 교류가 가장 많았던 시기였다. 지금은 자그마한 시골 마을에 불과한 아스카! 당시 이 작은 마을에서는 무슨 일이 있었을까?

아스카(飛鳥)는 나라시 중심에서 30km 남쪽에 자리 잡고 있다. 지금은 자그마한 간이역을 가진 시골 마을이다. 고대 아스카 시대의 중심이었던 이곳에는 천무 천황, 흠명 천황 등 천황릉을 포함한 많은 고분이 있다. 마을에는 아스카 역사 공원관도 있어 당시의 역사를 잘 설명해 준다.

앞서 설명했듯이 일본 고대는 야요이 시대에서 아스카 시대를 거쳐 나라 시대로 이어진다. 아스카 시대는 이미 고대 국가가 성립한 이후의 시대이다. 아스카 시대는 100

여 년의 비교적 짧은 기간이지만, 우리나라 역사 교과서에는 아스카 시대에 관한 내용이 자주 나온다. 한반도 사람들과 가장 많이 교류했던 시기였기 때문일 것이다.

아스카 시대에 있었던 주요한 역사적 사실로는,
1) 백제로부터 불교 수용 문제를 두고 소가씨와 모노노베씨 간의 대립이 있었는데, **소가씨**가 득세하여 불교를 받아들이고 정권도 독점하였다.
2) 스이코 천황의 섭정이었던 **쇼토쿠 태자(성덕 태자)**가 국정을 개혁하고 문화를 발달시켰다.
3) 한반도에서 백제가 나당 연합군에 의해 멸망 당하자, 백제 부흥을 위해 대규모 병력을 파견하여 **백촌강**에서 큰 전투를 벌였다는 정도를 들 수 있겠다.
아스카 시대는 한반도, 특히 백제와 그렇게 인연이 깊었다.

13. 일본인의 조상은 한반도 사람인가?

 일본인의 조상은 한반도 사람들이다? 글쎄다. 고대는 특히 우리와 일본 사이 교류가 많았던 시기다. 당시 고조선, 백제, 고구려 등 고대 한반도에서 많은 사람들이 바다를 건너가 일본인이 되었다는 근거도 있다. 그래서 어쩌면 우리 조상이 곧 일본인의 조상일지도 모른다는 사실, 흥미롭지 않은가?

일본 문화의 형성, 발전에 한반도 사람들은 큰 역할을 했다. 앞에서도 언급하였지만, 벼농사 기술이 일본으로 건너가고, 한자 같은 중국의 문화도 한반도를 통해 일본으로 전해졌다. 사람들도 많이 건너갔다. 고조선, 백제, 고구려 멸망과 같은 큰 사건이 있을 때 대규모 이주가 있었던 것으로 보인다. 오늘날 일본인의 대다수는 그들의 후예라고 보아도 무방할 것이다.

백제는 일본과 가장 긴밀한 관계를 유지하였다. 앞의 천황 편에서 설명하였듯이 백제 왕가는 일본의 천황가와도 깊은 교류가 있었다. 칸무 천황 외에도 30대 비타츠(敏達) 천황, 백제사와 백제궁을 지었던 34대 죠메이(舒明) 천황, 대군을 보내 백제를 구하고자 했던 쓰이코(推古) 천황 등은 특히 백제와 관계가 깊었던 것으로 추정된다. 천황은 아니지만 천황을 좌지우지하는 세력을 가졌던 아스카 시대의 소가씨 같은 경우에도 백제와 밀접한 관계를 유지했던 것으로 보인다.

이와 관련, 흥미로운 이야기가 한 가지 있다. 10여 년 전 야마구치현에 살고 있는 오우치라는 이름의 부부가 조상들에게 성묘하기 위해 한국을 방문하였다. 그들은 집안의 족보를 통하여 자기들이 백제 성왕의 셋째 아들 임성태자의 후손이라는 사실을 알고 있었다고 한다. 그래서 1,400여 년 전 할아버지의 45대 후손 자격으로서 오래전부터 조상 묘를 둘러보고 싶어 찾아왔다는 것이다.

가야도 일본과 활발한 교류를 한 것으로 보인다. 특히 일본서기에 나와 있는 일본 건국 설화의 내용을 보면 가야와의 연관성이 뚜렷하게 느껴진다.

일본서기의 설화를 보면 하늘의 신이 그의 자손을 인간 세계에 내려보낼 때 당도한 곳이 '구지후루노다케'인데 우리말로 옮기면, '구지봉'이 되어 가야 설화와 같고, 구지에 도달한 황손이 "이곳은 가락국을 향한 좋은 고장이다"라고 말했다고 전해진다.

또한 임나일본부에 관한 이야기도 있는데, 바로 한반도의 가야 지역 내용이다. 일본의 일부 학자들은 이것을 근거로 가야가 일본의 식민지였다고 주장하기도 하지만, 이 부분은 양국의 학자들 간에 학설이 분분하다.

어찌 되었든 가야와 일본 사이에 왕성한 교류가 있었다는 점은 사실인 듯하다. 현재 일본 내에 백제라는 이름이 붙은 유적들도 많지만, 가야라는 이름의 지명도 다수 남아 있다는 점이 그 방증이라 할 수 있다.

한반도와 일본 열도는 고대에 밀접한 관계를 유지하며 활발한 교류를 하였다. 그러나 백제 멸망 후 그 관계가 소원해졌다. 일본 열도에 있던 백제 사람들은 고국을 잃었다는 정서를 갖게 되었고, 신라는 고국을 멸망시킨 적국이었으니 관계를 회복하기 어려웠을 것이다. 결국 이후 한반도와 일본 열도의 사람들은 깊은 교류 없이 길고 긴 천년의 시간을 보내게 되었다.

고대 시기 한일 두 나라의 밀접한 관계를 바라보는 관점은 서로 다른 것 같다. 우리나라에서는 한반도가 일본에 문화를 전해주었다는 사실을 강조해서 말하는 편이고, 일본은 문화 전수 사실 자체는 부인하지 않지만, 그 후 자신들이 더욱 발전시켜 문화의 독자성을 갖게 되었다고 주장한다. 일본의 자료들을 보면 대체로 한반도에서 전래 받은 문화에 대해서는 부각하지 않고, 중국과의 직접 교류로 문화를 받아들인 사실에 대해서만 애써 강조하는 모습을 발견한다.

 일본을 생각할 때 우리는 가끔 작은 착각을 하는 것 같다. 백제나 가야 사람이 일본 열도로 건너가서 지배층이 되었다는 얘기를 접하면, 우리가 마치 일본 사람을 지배했다고 생각한다. 그런데 이러한 생각은 오류라고 봐야 할 것이다. 왜냐하면 당시 한반도에서 일본으로 건너간 사람들이 바로 현재의 일본 사람들 그 자체이기 때문이다. 그들이 일본 문화를 만들었고, 오늘날 일본인의 조상이다. 그런 점에서 비록 오늘날 양국 간의 감정이 좋지는 않지만, 역사적으로 같은 조상을 공유했다는 사실 만큼은 서로 기억해야 하지 않을까 싶다.

14. 아스카 시대의 두 남자

 어느 시대든 실력자가 있다. 아스카 시대도 마찬가지였다. 아스카는 고대 100여 년간 존재했던 시대인데, 대표적 인물이 소가씨와 쇼토쿠 태자였다. 특히 소가씨는 당시 절대적인 권력자였다. 그러나 같은 실력자였지만 쇼토쿠 태자는 많은 치적을 남기고도 쓸쓸히 퇴장했다. 아스카 시대를 움직인 두 남자의 운명은?

소가씨(蘇我氏)는 아스카 시대의 세력자 집안이었다. 모노노베씨(物部氏) 집안과 경쟁을 벌여 승리함으로써 독점적 지위를 누렸다. 천황가와도 복잡하게 혼인 관계를 맺어 권력을 공고히 하였으며, 쓰슌 천황을 살해하기도 하였다. 또한 백제에서 온 사람들과 제휴하여 다양한 새로운 정책을 추진하였는데, 그 대표적인 예가 불교를 받아들인 것이다.

아스카 시대를 말할 때 **쇼토쿠 태자**를 빼놓을 수 없다.

그는 고대 일본의 정치 체제를 확립한 인물이다. 31대 요메이 천황의 차남으로 태어나, 고모였던 33대 스이코 천황의 섭정이 되었다. 당시에는 소가씨가 권력을 행사하던 시절이라 쇼토쿠 태자 역시 소가씨의 조카 손자로서 소가씨의 선택에 따라 태자 자리에 오르게 된 것이다.

쇼토쿠 태자는 섭정으로 국사를 주도하며 고구려, 백제, 신라 그리고 수나라 문화를 적극 받아들여 왜의 문화와 정치를 빠르게 성장시킴으로써 아스카 시대를 열었다. 소가씨가 받아들였던 불교를 진흥시켜 호류지, 고류지, 시텐노지 등 유명 사찰을 창건하였다. 또한 중앙집권 체제 강화를 위해 17조 헌법, 관위 12계 등을 만들었다. 관위에 따라 색깔을 구분한 관복도 제정하였다.

쇼토쿠 태자는 이처럼 많은 치적을 남겼으나 말년에 소가씨 권력이 너무 강해지고 자신의 입지는 점차 줄어들자, 속세를 떠나 불교에 귀의했다고 한다. 권력무상이다.

쇼토쿠 태자

15. '일본'이라는 국호의 유래

 '일본'이라는 국호는 언제 최초로 등장할까? 공식적으로는 아스카 시대인 701년 다이호 율령을 통해 국호로 확립되었다고 한다. 하지만 일본이란 국호는 사실상 백제가 작명해 준 것이나 다름없다는 설도 있다. 왜 이런 이야기가 가능할까?

'일본'이라는 명칭은 율령제를 도입한 7~8세기경에 처음 등장하였다. 공식적으로는 701년 다이호 율령을 통해 야마토 정권에서 처음 국호로 확립된 것으로 보고 있다. 그 이전에는 607년 쇼토쿠 태자가 수나라 양제에게 보낸 문서에 '해뜨는 곳(日出處)의 천자'라는 기록이 남아 있다. 우리나라 자료에서도 관련된 내용을 찾아볼 수 있는데, 삼국사기의 신라 본기에 '왜국이 이름을 고쳐 일본이라 하였다'라는 기록이다.

또 하나의 설에 따르면, '일본'이라는 이름은 일본 열도의 사람들이 스스로 그렇게 불렀다기보다 한반도 사람들이 그들을 그렇게 불러왔다는 것이다. 이 영향으로 701년 다이호(大宝) 율령을 만들 때, 이를 나라의 공식적 이름으로 채택했다는 주장이다.

일본이라는 말은 '해가 뜨는 곳'이라는 의미이다. 일본 열도에서 보기에 해가 뜨는 곳은 태평양 바다일 것이고, 일본 열도를 해가 뜨는 곳이라고 부를 수 있는 사람은 일본 열도의 서쪽에 거주하는 사람일 수밖에 없다. 그 서쪽 사람들이 바로 백제고, 백제 사람들이 일본 섬을 그렇게 불렀지 않았을까 싶다.

다이호 율령에 대해서는 일본 국호의 기원 외에도 좀 더 폭넓게 내용을 살펴볼 필요가 있다. 다이호 율령은 아스카 시대에 몬무 천황이 중앙집권체제를 강화하기 위한 내부 체제 정비 작업으로 만든 것이다. 율령은 서기 700년에 천황이 조서를 내리면서 작업을 시작, 701년 제정되었다. 이 율령 제정 움직임과 관련, 한 가지 짚어 볼 점이 백제의 멸망이다.

일본은 백제와 긴밀한 관계를 유지해 왔는데, 신라의 한반도 통일에 따라 백제가 멸망하자 그 구도가 깨지게 되었다. 백제가 위기에 처했던 663년, 왜는 대규모 병력을 보내 백제를 구원하려 했으나 나당 연합군에 패해 그 뜻을 이루지 못하였다. 그렇게 백제와의 관계가 단절되자 이제 일본은 스스로 홀로 서야만 하는 상황에 직면, 변화를 모색하여야 했는데 그것이 다이호 개혁이었다. 이 다이호 개혁 시 백제가 불러주던 '일본'이라는 호칭을 국호로 사용하였다고 추정할 수 있다.

16. 믿거나 말거나
일본서기

 우리나라에 삼국사기와 삼국유사가 있다면 일본은 고사기(古事記)와 일본서기(日本書紀)가 있다. 그런데 신기하게도 일본서기에는 한반도에 관한 내용이 많다. 왜 남의 나라 이야기를 많이 담았을까? 그리고 오늘날까지 일본 정치인에게 큰 정신적 영향을 주고 있는 일본서기에 담긴 그 내용들은 정말 진실일까? 그것이 알고 싶다.

'왕인'과 '아직기', 이 두 사람은 우리에게 매우 친숙하다. 일본에 논어, 천자문 등을 가르쳐 준 사람으로 우리 교과서에도 자주 등장하기 때문이다. 그런데 이상한 점은 우리나라 삼국사기, 삼국유사 등에는 이 두 사람 이름이 나오지 않는다. 일본의 역사서인 '고사기', '일본서기'에만 나오는 내용이다. '일본서기'와 '고사기'는 일본의 대표적 역사서인데, 그 책에는 한반도 관련 내용이 상당히 많이 포함되어 있다.

일본의 고사기(古事記), 일본서기(日本書紀)에 대해 좀 더 알아보자면, 이 역사서는 우리나라의 삼국사기와 삼국유사처럼 일본 고대 역사를 기록해 둔 귀중한 사료이다. 일본의 고대사뿐 아니라, 한반도 역사 연구에도 많은 참고가 된다.

이 책들은 우리나라 역사서와는 두 가지 면에서 큰 차이가 있다. 하나는 써진 연대이다. 삼국사기는 1,145년 김부식이, 삼국유사는 그보다 150여 년 후 일연이라는 스님이 쓴 책이다. 반면 일본의 고사기와 일본서기는 삼국사기, 삼국유사보다 400~500년 정도 빠른 712년과 720년에 각각 써졌다. 내용에도 큰 차이가 있는데, 삼국사기는 정사로서 삼국의 역사를 기록하고 있고, 삼국유사는 고조선부터 시작해서 한반도 역사를 기술하였다. 그런데 일본서기는 그 내용 중 상당 부분을 일본이 아닌 한반도에 관한 이야기를 담고 있다. 왜 그럴까? 아마 당시 일본 열도에 살던 사람들, 특히 지배층의 사람들이 한반도를 자신들의 나라라고 여겼던 건 아닐까라고 추측해 볼 수 있는 대목이다. 물론 우리 의지와는 아무 상관 없이 자기들이 일방적으로 그렇게 생각했을 가능성이 있다는 뜻이다.

그리고 일본서기가 써졌던 시기의 일본은 어떤 시대였는지 살펴볼 필요가 있다. 663년 백제가 멸망한 후 일본은 한반도와 끈이 떨어지고 독자적으로 살아가야 하는 상황에 직면했다. 그래서 672년 즉위한 천무 천황 때부터 율령 제도 등 정비를 시작, 701년 완성하고, 나라 이름도 일본으로 정하면서 새로운 길을 걸어가게 된다. 한창 융성하던 당나라와도 702년 견당사를 재개, 교류를 시작하였고, 710년에는 헤이죠쿄(平城京)로 수도를 옮겨서 나라 시대를 열었다. 이 시대의 문화를 당시 천황의 연호를 따서 천평문화(天平文化)라고 부른다. 또한 국가 의식이 강해져서 역사서를 편찬하게 되었는데, 바로 이때인 712년에 고사기가, 그리고 720년에 일본서기가 써진 것이다.

일본서기는 천황의 신격화를 통해 통치의 정당화를 꾀할 목적으로 써진 것으로 본다. 객관적인 역사서라기보다는 의도를 가지고 외부 사람들을 의식하며 기술한 내용들이라고 할 수 있다. 그러다 보니 자기들 중심의 국수주의적인 색채가 강하고, 사실의 왜곡도 상당히 많다고 한다.

그런데 이 책의 내용은 그 후 일본 역사 전개에 커다란 영향을 미치게 된다. 임진왜란을 일으킨 도요토미 히데요시의 발언에서도 그 영향을 볼 수 있고, 일본이 제국주의로 치달을 때도 이 책의 정신이 소환되었다. 오늘날에도 우익 정치인들은 물론이고, 일부 학자들도 그 정신적 영향 아래에 있는 것으로 보인다.

일본서기에 나오는 건국 설화를 한번 살펴보자.

『천신 아마테라스 오미카미(天照大神)가 손자 니니기에게 볍씨와 3종 보물(곡옥, 거울, 칼)을 줘서 땅으로 내려가게 하였다. 내려온 그 땅이 다카치호(高千穗) 봉이었는데, 그 건너편의 산 가라쿠니다케(韓國岳)로 건너가서 "여기는 좋은 곳이다. 가라쿠니(駕洛國)를 향하고 있기 때문이다"라고 말했다.』

여기에 등장하는 한국악, 가락국 등의 단어들이 한반도, 특히 김수로왕의 가야와 밀접한 관계가 있을 것으로 여겨지고 있다. 니니기의 23대손이 일본 최초 천황인 진무(神武) 천황이고, 그가 동쪽으로 가서 야마토에 국가를 세웠다는 것이다.

학계의 경우, 한국과 일본 양국 학자들 간에 고대사 해석을 둘러싸고 이견들이 많다. 대표적인 내용이 임나일본부에 관한 내용이다. 앞서 일본서기가 한반도 관련 내용을 많이 포함하고 있다고 했는데, 일본 학자들은 이에 기초하여 고대사를 바라보고자 하는 경향이 있다. 그러다 보니 그들은 삼국사기의 내용, 특히 초기 국가 성립 시기의 내용들에 대해 역사적 사실로 인정하지 않으려고 한다. 반면, 우리나라 학자들은 삼국사기나 중국의 사서들까지 검토하여 객관적 사실을 끌어내고자 힘쓰는 듯하다.

결론적으로 일본서기의 경우 담긴 내용은 풍부하나, 쓰게 된 동기와 의도가 뚜렷하여 왜곡이 상당히 많이 존재한다고 밖에 볼 수 없다. 그래서 그 내용 전부를 역사적 사실로 받아들이기에는 대단히 조심스럽다.

17. 60만 대군이 왜 왔을까?

 일본이 백제를 구하기 위해 60만 대군을 보냈다는 사실을 아는가. 풍전등화의 위기에 처한 백제를 살리기 위해 당시 일본이 오늘날 60만 병력에 해당하는 군대를 보냈다는 사실은 꽤 충격적이다. 이제는 기억하는 이도 별로 없는 백촌강 전투. 이 전투가 갖는 의미는?

신라의 삼국 통일은 우리 민족 역사상 매우 큰 사건이었다. 삼국 중 가장 작고 약한 나라였던 신라가 힘을 키우고, 국제 정세를 잘 활용하여 커다란 성취를 이뤘다. 그러한 노력에 대해 긍정적 평가를 하는 것은 당연한 일이다. 그러나 동시에 신라의 통일로 인하여 우리 민족에게 부과된 두 개의 제약에 대해서도 생각해 보지 않을 수가 없다.

우선은 만주 지역에 대한 지배력 상실의 문제이다. 만

주 지역은 고구려가 오랜 기간 지배했었고, 우리 민족의 활동 영역이었다. 그런데 신라는 통일 이후 그 지역을 확보하기 위해 적극적 노력을 기울인 것 같지는 않다. 신라의 관점에서 보면, 삼국 통일로 확보된 영토만 해도 이전보다 훨씬 넓어진 것이니 굳이 만주까지 넘겨다볼 필요가 없었을지 모른다. 신라 이후 고구려를 계승한다고 했던 고려도 만주에 대해서는 어찌하지 못했고, 조선 역시 마찬가지였다. 그리하여 결국 오늘날 만주를 실효 지배하고 있는 중국이 고구려를 자기들 역사의 일부라고 주장하는 상황까지 이르게 된 것이다. 그 출발은 신라의 통일에 있다고 말할 수 있지 않겠는가.

또 하나는 일본과 관련된 내용이다. 우리의 고대 역사는 오국 시대(고구려, 백제, 신라, 가야, 왜)라고 불러야 한다는 주장이 있을 만큼 일본은 한반도와 밀접한 관계를 유지하였다. 누가 더 우위에 있었는지에 대해서는 양국에서 서로 다른 주장을 하고 있지만, 긴밀한 사이였다는 사실만큼은 누구도 이의를 제기하지 않는다. 그러다가 신라가 삼국을 통일한 이후 일본은 한반도와 완전히 단절되어 그들만의 역사를 열어 나갔다.

신라의 통일로 우리의 영역이 한반도로 국한됨에 따라 당시 우리 조상들은 국토를 일본 열도까지 포괄하여 생각하지 않았다. 오늘날의 우리 역시 마찬가지이다. 그것이 옳은지 아닌지는 논하지 않겠으나, 우리의 사고 영역이 좁아진 것은 분명해 보인다.

한편 일본 열도는 백제에 대해 어떤 마음을 가졌을까? 그것은 백제의 멸망을 지켜보던 그들의 태도를 통해서 짐작할 수 있을 것 같다.

백제 의자왕은 660년 당나라에 항복하고 당나라로 끌려갔다. 의자왕이 항복했으나 백제가 완전히 없어진 것은 아니었다. 백제 세력은 남아 있었고, 부흥 운동이 활발하게 일어났다. 일본에도 구원병을 요청하였다. 일본은 당시 일본에 와 있던 백제 왕자 풍을 중심으로 지원군을 보내기로 하였다. 사이메이(齊明) 천황과 나카노오오에(中大兄) 황태자가 앞장서서 여러 지역을 돌아다니며 병력을 규합하였다. 그러는 중 사이메이 천황이 사망하자, 나카노오오에 황태자는 즉위식을 미루면서까지 이 일에 전념하였다. 동원된 군사력은 400여 척의 배와 27,000여 명의 병력이었다. 당시 인구수를 고려, 오늘날의 인구 기준으로 환산해 본다면 무려 60만 명에 해당하는 엄청난 규모의 병력이었다.

일본 구원군은 백촌강(현재 지명으로 금강이라는 설도 있고, 동진강이라는 설도 있다) 어귀에서 당나라·신라 연합군과 전투를 벌였는데 대패하고 말았다. 이 싸움을 이끌던 백제 왕자 풍은 고구려로 도주하여 버렸고, 백제는 완전히 멸망하게 된다. 중국 신당서에는 이 전투를 다음과 같이 기록하고 있다.

『(유)인궤가 왜병을 백강 하구에서 만나 네 번 싸워 이기고 그 배 400척을 불태웠다. 연기와 불길이 하늘을 덮었고, 바닷물이 붉게 물들었다. 적의 무리는 크게 무너졌다.』

이 백촌강 전쟁 후 일본은 나당 연합군이 일본으로 공격해 올 것을 염려해 여러 곳에 성을 쌓고 대비하였다. 그러나 나당 연합군의 다음 목표는 고구려였기 때문에 일본에 대한 침공은 이루어지지 않았다.

백촌강 전투는 한국, 중국, 일본이 벌인 동아시아 최초의 국제전이었다고 평가받는다. 그런데 그 전투 규모와 의미가 작지 않았음에도 의외로 사람들은 이 싸움을 잘 기억하지 못한다. 아마 이 전투가 시대 흐름을 바꾸지는 못한 탓이 아닐까 싶다. 특히 한국 역사 교육에서는 백촌강 전투를 별로 중요하게 다루지 않아 모르는 사람이 더 많은 듯한데, 일본에서는 이 전투를 한국보다는 조금 더 자세히 가르치고 있다.

18. 고대의 끝, 나라(奈良)와 헤이안 시대

 일본 고대의 끝 역할은 나라 시대와 헤이안 시대가 맡았다. 아스카 시대를 이은 두 시대는 나름대로 발전을 이루었다. 불교가 융성했고 무사들이 등장하기 시작했다. 고대의 마지막을 장식한 이들 두 시대는 어떤 시대였을까?

일본의 고대 역사는 신석기, 구석기 시대를 지나, 고대 국가가 형성된 이후 아스카 시대, 나라 시대, 헤이안 시대로 이어졌다. 아스카, 나라, 헤이안은 모두 지명으로, 아스카는 나라시의 한 지역이며, 헤이안은 현재의 교토이다. 셋 모두 서로 그리 멀지 않은 거리에 있다.

일본이 한반도 사람들과 긴밀한 관계를 유지했던 것은 주로 아스카 시대였다. 아스카 시대의 큰 사건이었던 백촌강 전투 이후, 그러니까 백제가 멸망한 이후부터는 교류가 그다지 많이 이루어지지 않았다. 그래서 우리나라 역사에 일본이 거의 등장하지 않는다. 오랜 시간이 지난 고려말에 가서야 왜구들이 준동하면서 우리 역사에 일본이 다시 나타나게 된다.

'나라 시대'는 아스카 시대 마지막 왕궁이 있던 후지와라쿄(藤原京)에서 710년 지금의 나라시(奈良市)인 헤이죠쿄(平城京)로 천도하면서 시작되었다. '헤이안 시대'는 나라에서 다시 794년 지금의 교토인 헤이안쿄(平安京)로 천도하면서 열리게 된다. 아스카 시대에 고대 국가를 완성한 일본은 나라 시대, 헤이안 시대에도 나름의 역사 발전을 계속 이루고 있었다. 그 주요 내용을 살펴보도록 하자.

우선 〈나라 시대〉에 있었던 주요 사건으로는,

1) **덴표 문화**: 중앙집권 체제가 안정되고 귀족 계급이 형성되어 부가 집중되자, 중국의 영향을 받은 국제적 성격의 문화가 발달하였다. 불교적 색채도 농후하였다.

2) **견당사**: 일본은 아스카 시대에도 중국 수나라와 교류를 위해 견수사를 파견하였다. 당나라 성립 이후에는 견당사를 파견하였는데, 당나라의 백제 정벌 기간 약 30년간 중지되었다가 재개하였다. 견당사가 조공 사절이었는

지, 단순한 문화 교류 목적이었는지는 논의가 분분하다.

3) 불교 융성: 아스카 시대에 받아들인 불교는 나라 시대에 와서 더욱 융성하였다. 국가적 위기가 생길 때마다 위기 극복을 위해 불교를 장려하였다. 지금도 남아 있는 도다이지(東大寺)도 이때 건립되었다.

다음은 〈헤이안 시대〉의 주요 사건이다.

1) 국풍 문화: 헤이안 초기에는 견당사 등의 영향으로 당풍 문화가 융성하였으나, 당이 쇠퇴하여 혼란스러워지자 견당사 파견도 중지하였다. 당을 이은 송나라와는 정식 국교를 맺지 않았다. 이후 독자적 문화 창달에 힘을 기울였으며, 이에 따라 일본 문자 '가나'가 발전하였다. 일본 최초의 고전 소설 '겐지모노가타리(源氏物語)'도 이 시대에 써졌다.

2) 밀교와 정토종: 나라 시대 불교는 권력과 결탁하여 세속화되었으나, 헤이안 시대에는 이에 대한 반성으로 심오한 철학 체계를 갖춘 종교로 발전하였다. 중국 천태종을 이어받은 일본 천태종이 등장하였으며, 헤이안 시대 초기에는 밀교, 헤이안 시대 중기에는 정토교가 크게 유행하였다.

3) 무사 계급의 등장 및 지방화: 귀족들 간의 갈등과 분쟁이 생기고, 이를 무력으로 해결하려는 경향이 나타나면서 무사들이 등장하였다. 동시에 인세이(院政)라는 제도가 생기면서 지방 분권적 성격이 나타나게 되었다.

3장

중세

사무라이의 등장, 막부의 시대

잠깐만! 중세 시대 한눈에 훑어보기
칼이 선이다. 최초의 가마쿠라 막부
존재감이 약했던 무로마치 막부
전국(戰國) 시대의 최종 승자는 누구였나?
아! 허무한 죽음, 오다 노부나가
오사카성의 주인, 도요토미 히데요시
일본의 눈으로 바라본 임진왜란
중세 마지막 대형 사건, 세키가하라 전투

19. 잠깐만! 중세 시대 한눈에 훑어보기

　　사무라이(무사)를 소재로 하는 일본 영화를 한 번쯤 본 기억이 있을 것이다. 특히 '7인의 사무라이'라는 영화는 역대급 인기 영화였다. 고독한 모습으로 칼을 들고 서 있는 사무라이! 일본 역사의 주요 상징인 이 무사가 처음 출현한 때가 바로 중세다. 무사의 길을 선택하고도 무사한 삶을 살지 못한 중세는 어떤 시대였을까?

사람이 살고 문명이 시작되면 국가가 세워진다. 국가는 권력을 잡은 자가 통치하게 되는데 그가 곧 왕이었다. 일본 역시 고대에 국가를 형성하였고, 왕이 통치하였다. 그런데 특이하게 일본은 13세기 초부터 '왕은 있으되 통치하지 않는', 아니 '통치하지 못하는 시대'가 시작되었다. 이러한 체제는 일본만의 매우 독특한 현상이었는데, 이 시대를 중세라고 부른다.

　중세 시대에 왕을 대신해서 실질적 통치를 맡은 주체가

막부(幕府, 바쿠후)였다. 막부의 우두머리는 쇼군(將軍, 장군)이라 불렀다. 막부는 중세로 분류되는 시기에 처음 등장, 비교적 최근인 근세까지 존속했다.

막부는 총 3개가 있었다. 가마쿠라(鎌倉) 막부, 무로마치(室町) 막부, 에도(江戶) 막부다. 정치체제는 유사해도 사회 구조, 경제 상황 등이 각기 달랐기 때문에, 이 막부의 시대도 그 특성에 따라 중세와 근세로 나눈다. 3개의 막부 중 가마쿠라 막부와 무로마치 막부는 중세로, 에도 막부는 근세로 보는 것이다. 그러니까 막부 체제는 일본 중세부터 시작하여 근세까지 계속 존속했다는 의미다.

일본의 중세는 크게 「**가마쿠라 막부-남북조 시대-무로마치 막부-전국시대**」로 구성된다. 가마쿠라와 무로마치라는 두 막부 체제를 중심으로 중세가 이어진 것이다. 하지만 막부의 힘이 일시적으로 약해진 때가 있었는데, 이 틈을 타서 남북조 시대, 전국시대가 형성되어 세력 다툼을 하던 혼란의 시기도 함께 있었다.

중세 시대 통치는 왕을 대신하여 사실상 쇼군이 맡았다. 왕은 있으되 힘이 없어 통치하지 못한 것이다. 일본만의 독특한 정치체제였다. 일본 고대의 경우에도 왕이 통치하긴 했지만, 오랜 기간 소가(蘇我)씨, 후지와라(藤原)씨 등 세도가들이 왕을 무시하고 권력을 휘두르곤 했다. 고대의 세도가들이 왕을 무시하고 권력을 행사했다면, 이 권력자들이 중세의 쇼군과는 무엇이 다를까? 이에 대해서는 크게 다음과 같이 두 가지로 설명할 수 있다.

우선, 고대의 세도가들은 귀족 계층의 사람들로 문인이라 할 수 있지만, 중세의 쇼군은 이름에서 나타나듯 무인이었다. 쇼군 자신도 무인이고, 쇼군과 함께 지배층을 이룬 사람들도 모두 무인이었다. 그러니까 일본은 무인과 무인 문화가 700년을 지배한 거다.

두 번째 차이는, 고대 권력자인 귀족들은 천황과 같은 지역에서 천황을 끼고 권력을 행사했다. 반면에 막부는 천황이 있는 교토가 아니라, 쇼군 자신의 근거지에서 독자적으로 나라를 통치하였다는 점이다.

20. 칼이 선이다. 최초의 가마쿠라(鎌倉) 막부

 중세 사무라이 시대를 알린 최초의 막부는 가마쿠라 막부다. 귀족 계급이었던 미나모토 가문이 패권 경쟁에서 이겨 쇼군 지위를 획득하면서부터다. '가마쿠라'는 지역 이름으로 가나가와현의 조용한 바닷가 도시이다. 도쿄에서 멀지 않아 당일치기 여행지로도 좋은 곳이라 방문을 추천한다.

일본 고대 후반부 헤이안 시대의 말기에 이르러 중앙 권력의 힘이 약해지기 시작했다. 지방 호족들의 힘이 상대적으로 강해져 자체 무력을 키웠다. 국가 권력의 약화로 치안이 불안해지자 호족들은 자신들의 방위를 위해서라도 무사 집단을 거느릴 수밖에 없었다.

이와 같은 시대 상황 속에서 귀족 계급인 미나모토(源氏) 가문과 다이라(平氏) 가문이 10여 년에 걸쳐 패권 경쟁을 벌였다. 이 권력 싸움을 겐페이 전쟁이라고 부르는데 최종적으로 미나모토 가문이 승리하여 천황으로부터 쇼군 지위를 획득함으로써 막부시대가 시작되었다. 바로 최초의 막부인 가마쿠라(鎌倉) 막부이다. 가마쿠라 막부는 가마쿠라 지역에 근거지를 두었기에 그렇게 부르고 있다.

가마쿠라 막부는 1185년부터 1333년까지 150여 년 동안 9명의 쇼군이 존재했다. 처음 막부 시대를 연 미나모토의 핏줄은 3대에 불과했고, 이후 후지와라 가문, 천황가 인물이 쇼군을 맡았다. 그 기간 중 의미 있는 사건은 1274년과 1281년 두 차례 있었던 몽고 침입이라 할 수 있을 것 같다. 당시 가마쿠라 막부는 태풍의 도움 등으로 몽고 침입을 잘 막아내긴 하였으나 후유증이 커서 막부의 붕괴를 가져왔다.

당시 무사들은 주군의 부름에 따라 여러 전쟁에 참여했는데, 사실 충성심보다는 전쟁에서 이긴 후의 보상에 관심이 더 많았다. 몽고 침입 시에도 무사들이 동원되었으나, 몽고는 외적이다 보니 물리쳤다고 해도 따로 전리품이 있을 수가 없었다. 그래서 무사들이 불만을 품자, 그동안 숨을 죽이고 살던 고다이고(後醍醐) 천황이 혼란을 틈타 반기를 들고 일어난 것이다. 짧은 기간이지만 천황이 친정을 시작하였고, 가마쿠라 막부는 문을 닫았다.

21. 존재감이 약했던 무로마치(室町) 막부

 가마쿠라 막부 시대가 가고 새로이 들어선 막부가 무로마치 막부다. 무로마치 역시 지역 이름인데, 현재 교토의 도시샤 대학 인근을 말한다. 도시샤 대학은 윤동주, 정지용 시인이 수학하여 그들의 시비가 세워져 있는 곳이기도 하다. 무로마치 막부가 떠난 자리에 두 시인의 시비가 있다니, 우연인가, 인연인가?

가마쿠라 막부는 반기를 든 천황을 진압하기 위해 부하인 아시카가 다카우지(足利尊氏)를 보냈다. 하지만 아시카가는 배신하여 가마쿠라 막부의 쇼군을 몰아내고 자신이 그 자리를 차지해 버렸다. 쇼군이 된 아시카가가 새로이 문을 연 막부가 바로 두 번째 막부인 무로마치(室町) 막부이다. 무로마치는 아시카가의 근거지인 교토의 한 지역 이름이다.

아시카가는 권력을 잡는 과정에서 새로이 고묘 천황을

옹립하였다. 그러자 기존의 고다이고 천황이 탈출하여 또 다른 조정을 열면서 두 명의 천황이 함께 존재하는 묘한 상황이 연출되었다. 60여 년 지속되었던 이 시대를 '남북조 시대'라고 부른다.

무로마치 막부는 1336년부터 1573년까지 15대에 걸쳐 237년 동안 이어졌는데, 실질적 통치를 한 기간은 70여 년에 불과했다. 왜냐하면 1467년 오닌의 난, 1493년 메이오 정변을 거치면서 여러 세력이 다툼을 벌이는 '전국시대'에 들어갔기 때문이다. 전국시대 기간 중 무로마치 막부는 명목상으로만 존속했을 뿐이었다.

참고로 당시의 한반도는 어떤 상황이었을까? 조선이 건국한 해는 1392년, 임진왜란은 1592년에 발발하였다. 고려말부터 조선 초기였던 이 시기 우리에게 중요한 사안으로는 왜구 문제를 들 수 있겠다.

고려말 왜구가 침입하자 이성계가 남원까지 가서 왜구를 토벌하였고(황산대첩), 세종 대왕 때는 대마도를 정벌하였다. 그 시기 왜구가 창궐한 것은 일본 자체의 대외 교역 필요성 때문이었다. 교역이 공식적으로 이루어지지 못하였기 때문에, 왜구라는 형태로 나타난 것이었다. 이후 일본은 1404년 명나라와 국교를 트고 공식적인 무역을 시작하는데 이를 감합 무역이라고 부른다. 왜구는 일본의 공식 무역 개시와 함께 사그라들었다.

막부의 근거지였던 무로마치는 지금도 교토의 한 모퉁이에 존재한다. 교토 도시샤(同志社) 대학 대학원 건물 인근 지역이 과거 무로마치 막부가 위치했던 곳이라 한다. 특히 도시샤 대학은 윤동주, 정지용 두 시인이 공부했던 곳이라 두 시인의 시비가 캠퍼스 한편에 세워져 있다. 역사는 그렇게 우연과 인연이 함께 이어진다.

22. 전국(戰國) 시대의 최종 승자는 누구였나?

 시기는 다르지만, 일본도 중국처럼 춘추전국시대를 겪었다. 무로마치 막부가 통제력을 잃기 시작하자, 전국시대(戰國時代)가 전개된 것이다. 이 전국시대의 최종 승자가 일본 역사를 바꾸었다. 그가 누구일까?

1336년부터 100여 년 지속되던 무로마치 막부는 오닌(応仁)의 난으로 혼란기에 들어갔다. 100년간의 전국시대(戰國時代)가 시작된 것이다. 무로마치 막부는 전국시대에 실질적 지배를 하지 못했어도 명맥은 유지해 오다 1573년 오다 노부나가에 의해 멸망 당하였다.

전국시대 초기에는 가이(甲斐, 오늘날 야마나시현 고후시)의 **다케다 신겐(武田信玄)**과 에치고(越後, 현재 니가타)의 우에스기 겐신(上杉謙信)이 쟁패를 벌였다. 두 사람은 '가이의 호랑이', '에치고의 용'으로 불리며 매우 극적인 대결을 벌여 지금도 일본에서 재밌는 이야깃거리로 전해진다.

이후 일본의 전국시대를 마무리 짓는 세 사람이 등장한다. **오다 노부나가(織田信長), 도요토미 히데요시(豊臣秀吉)** 그리고 **도쿠가와 이에야스(德川家康)**, 바로 이 세 영웅이다.

이들 세 사람은 성향이 모두 달랐다. 그래서 일본에 유명한 비유가 있다. 만약 이들에게 "두견새를 울게 하려면 어떻게 해야 하느냐?"라는 질문을 한다면, 오다는 "울지 않으면 베어버리겠다.", 도요토미는 "어떻게든 울게 만들겠다." 그리고 도쿠가와는 "울 때까지 기다리겠다."라고 답을 하지 않겠느냐는 것이다. 세 사람의 특성을 잘 나타내준 비유라고 할 수 있겠다.

오다 노부나가는 매우 과단성이 있고, 잔혹하고, 새로운 기술을 잘 이용하는 특성이 있었다고 한다. 포르투갈에서 들여온 화승총을 창의적으로 활용하여, 압도적 우위에 있던 다케다 가문의 기병을 무찔러 버린 것이 대표적 예라

하겠다. 오다는 통일을 거의 마무리 지어 가던 시기, 믿고 있던 부하에게 암살당해 버렸다. 이를 **혼노지(本能寺)의 변**이라 부른다.

오다 노부나가의 부하였던 도요토미 히데요시는 오다의 죽음 후 빠른 움직임으로 오다를 암살한 아케치 미쓰히데를 처단하고 대권을 이어받았다. 도요토미 히데요시는 통일을 완수하고 권력을 잡았으나 출신 신분이 미천하여 쇼군 자리에는 오르지 못했다고 한다. 그래서 그의 직위는 관백(關白)이었다. 나중에 조카 히데쓰구에게 관백 자리를 넘긴 후 자신은 태합(太閤)이 되었다. 도요토미는 통일을 이루고 난 이후 조선을 침공하였는데, 뜻을 이루지 못하고 사망하였다.

도요토미 히데요시가 죽은 후 아들이 후계자로 나섰으나 나이가 어려 정국이 불안정하였다. 바로 이때 오다 노부나가의 부하로서 성장하였고, 도요토미 시대에 꾸준하게 힘을 축적해 온 도쿠가와 이에야스가 두각을 나타내었다.

그러다 세키가하라(關原)라는 벌판에서 마침내 전국시대를 마무리 짓는 큰 싸움이 벌어진다. 한쪽은 도요토미 히데요시 가문에 충성하는 서군이었고, 다른 한쪽은 새로이 부상한 도쿠가와 이에야스를 중심으로 하는 세력인 동군이었다. 역사를 바꾸는 이 큰 싸움에서 결국 도쿠가와 이에야스가 승리했고, 자신의 근거지인 '에도'라는 지역에 막부를 세우면서 새로운 시대를 열게 되었다.

23. 아! 허무한 죽음, 오다 노부나가

 전국시대에 단연 두각을 드러낸 인물은 오다 노부나가였다. 그런데 한자 이름이 '직전신장'이어서 그랬을까? 그는 거의 전국시대를 평정하기 '직전'에 부하의 배신으로 허무하게 죽임을 당했다. 안타깝게도 자신의 시대를 열지 못한 오다 노부나가는 어떤 사람이었는가?

일본은 무로마치 막부 시대 중간부터 전국시대를 맞게 되었다. 그 혼란의 시기에 등장한 세 인물이 오다 노부나가, 도요토미 히데요시, 도쿠가와 이에야스다. 이들은 소설, 영화 등의 소재로도 자주 등장하면서 일본 사람들에게 매우 친근한 이름이 되었다.

그런데 흥미로운 것은 도요토미 히데요시는 '풍신수길', 도쿠가와 이에야스는 '덕천가강'이라고 하며 우리식 한자 읽기 이름이 익숙한데, 오다 노부나가의 우리식 한자 읽기 이름인 '직전신장'은 매우 생경하다. 그럼 오다 노부나가(織田信長)는 어떤 사람인가?

오다 노부나가는 전국시대를 거의 평정한 사람이다. 16세기 70여 년 동안 각 지역의 영주들이 세력 다툼을 벌이던 전국시대에 다케다 신겐, 우에스기 겐신과 같은 쟁쟁한 명장들이 등장했으나 일본 통일을 이룬 승자는 바로 오다 노부나가였다. 오다 노부나가는 지금의 아이치현 서부에 해당하는 '오와리(尾張)' 출신이다. 오와리의 다이묘였던 오다 노부히데의 차남으로 태어나 크고 작은 집안싸움에서 최종 승리, 오다가의 당주가 되었다. 이후 전국시대의 중심에 서서 주위의 경쟁자들을 차례대로 격파하고 통일을 거의 이룬 것이다.

오다 노부나가는 동시대의 다른 영웅들과는 차원이 다른 발상을 해낸 천재였다. 대표적인 예가 조총의 사용이다. 당시 다케다 신겐이라는 경쟁자는 천하무적의 기마병을 보유하고 있었다. 그 누구도 그와 대적할 수 없었다. 이때 오다 노부나가는 조총을 도입하였다. 조총은 발사에 시간이 걸리고, 명중률도 떨어지는 등 여러 가지 약점들이 있어 널리 사용되지 않았었는데, 오다는 조총의 그 약점들을 보완하는 전술을 개발하여 다케다의 기마병을 전멸시켜 버린 것이다.

하지만 오다 노부나가는 주요한 상대를 모두 물리치고 통일을 거의 완수한 단계에서 허무하게 세상을 떠나 버렸다. 자기 부하에게 배신을 당한 것이다. 일본 역사에서 유명한 '**혼노지(本能寺)의 변**'이다.

당시 상황을 보면 다케다를 물리친 이후 오다 노부나가에게 남아 있는 실질적인 적은 모리 가문 뿐이었다. 그래서 모리 가문을 공격하고자 하시바 히데요시(도요토미 히데요시의 원래 이름이다)를 보내고, 이를 보강하기 위해 아케치 미쓰히데에게 병력을 지원하도록 하였다. 그런데 이 지시에 따라 서쪽으로 이동하던 미쓰히데는 오히려 혼노지에 머물고 있던 오다 노부나가를 공격하였고, 당시 적은 병력밖에 보유하지 못했던 오다 노부나가는 당해내지 못한 채 결국 자결하고 말았다. 이를 '혼노지(本能寺)의 변'이라고 한다. 이름 때문이었을까? 이렇게 '직전신장'은 통일 '직전'에 허무하게 죽음을 맞았다.

그런데 당시 미쓰히데가 왜 갑자기 반란을 일으켰는지 그 이유에 대해서는 여러 가지 설이 있으나 어느 것도 확실하지 않다.

혼노지에서 오다 노부나가가 사망했다는 소식을 접한 도요토미 히데요시는 즉각 모리군과 휴전한 후, 강행군으로 회군하여 야마자키 전투에서 아케치 미쓰히데군과 싸워 이겼다. 이로써 오다 노부나가의 부하 중 한 사람이었던 도요토미 히데요시가 대권을 거머쥐게 된 것이다.

역사적으로 유명한 사적지인 혼노지(本能寺)는 교토에 있다. 뒤쪽 7장 교토 도시 내용을 참고하면 좋겠다.

오다 노부나가

24. 오사카성의 주인, 도요토미 히데요시

 오사카를 방문하는 여행객이 빠지지 않고 들르는 관광지가 있다면 바로 오사카성일 것이다. 오사카성은 오사카의 랜드마크로서, 벚꽃 명소이기도 하다. 그러나 이 성을 처음 쌓은 사람이 임진왜란을 일으킨 도요토미 히데요시라는 사실을 생각하면 느낌이 다르지 않을까?

일본 역사 인물 중 우리나라 사람들에게 가장 많이 알려진 인물 두 사람을 들라면 도요토미 히데요시와 이토 히로부미가 아닐까 싶다. 특히 도요토미 히데요시는 우리 발음인 '풍신수길'로도 익숙한 이름이다. 그런데 '도요토미'라는 성은 그가 관백이 된 후 천황으로부터 하사받은 것이다. 이전에 그는 키노시타(木下)성을 쓰다가 하시바(羽柴)로 바꿨었다.

70여 년 이어오던 전국시대를 마무리하고 일본 전국을

'거의' 통일한 사람은 오다 노부나가였다. 그리고 그를 이어서 '완전히' 통일한 인물이 도요토미 히데요시라고 할 수 있겠다. 앞 이야기에서 설명하였듯이, 도요토미 히데요시는 오다 노부나가의 부하였다가, 오다 노부나가가 사망하자 재빠른 상황 판단과 행동으로 그의 뒤를 이었다. 권력을 잡은 이후 규슈 등에 있던 나머지 상대들을 모두 제압하고 통일을 완전히 이룬 것이다.

도요토미 히데요시, 오다 노부나가는 둘 다 오와리국(尾張国, 오늘날 아이치현 서부 지역) 출신이나 여러모로 대비되는 사람이다. 오다는 성주의 아들로 태어났는데, 도요토미는 미천한 농민의 아들로 태어났다. 그로 인해 나중에 일본을 지배하던 중에도 쇼군으로 취임하지 못하고 태합(太閤)이라는 호칭을 사용하였다. 처음 오다의 휘하에 들어갈 때는 변소를 청소하는 일부터 하였다고 한다. 그 후 여러 가지 업무를 맡겼을 때 언제나 타인이 흉내 낼 수 없는 방법으로 성과를 이뤄내서 오다를 만족시켜 가며 지위를 높여갔다.

도요토미는 권력을 잡은 후 3년에 걸쳐 오사카에 성을 쌓고, 이를 자신의 본거지로 삼았다. 이러한 배경으로 도요토미는 오늘날에도 오사카 사람들에게 인기가 많고, 오사카성 앞에는 도요토미의 동상이 서 있다. 또한 그를 신으로 모시는 호코쿠(豊國) 신사가 오사카성 바깥에 있다.

도요토미 히데요시가 우리에게 익숙한 이유는 그가 임진왜란을 일으켰기 때문일 것이다. 도요토미는 1598년 사망하였는데, 조선에서의 전쟁이 끝나지 않은 상태였기 때문에 왜군들 사기 문제가 있어 죽음을 비밀로 한 채 장례도 치르지 않았다. 그의 사후 권좌는 아들 도요토미 히데요리(豊臣秀賴)에게 넘어갔으나 오래지 않아 도쿠가와 세력의 공격을 받아 후사 없이 죽음을 맞았다.

도요토미 히데요시

25. 일본의 눈으로 바라본 임진왜란

 임진왜란은 7년 동안 지속된 국제전이었다. 모두에게 큰 피해를 준 임진왜란! 그런데 이 전쟁이 일본 지배층의 황당한 역사 인식에서 출발했다. 그들은 도대체, 왜, 무슨 생각으로 조선을 침략하였을까? 일본의 관점에서 바라본 임진왜란은 오늘 우리에게 많은 질문을 던진다.

임진왜란은 1592년 임진년, 일본의 침략으로 시작하여 1598년까지 7년에 걸쳐 전개된 국제전이었다. 실제 치열한 전투는 개전 첫해와 1597년의 2년여 기간이었다. 그 중간에는 양측간 휴전 협정이 진행되어 전투가 사실상 소강상태였다. 1597년의 두 번째 싸움을 정유재란이라고 부르기도 한다.

임진왜란에 대하여 우리 역사는 이순신 장군, 의병들의 활약, 그리고 선조의 무능 등에 대하여 주로 언급한다. 그렇다면 이 전쟁을 일본에서는 어떻게 바라보고 있을까?

 1582년 통일을 눈앞에 두고 오다 노부나가(織田信長)가 세상을 떠났다. 그때 권력의 빈자리를 잽싸게 치고 들어간 사람이 도요토미 히데요시였다. 그는 오다 노부나가의 통일 과업을 이어 가, 1590년 규슈, 간토, 도후쿠 등 전국을 평정하였다. 그리고 오랫동안 꿈꾸었던 명나라 정벌을 추진한다. 그런데 명나라로 가기 위해서는 조선을 통과해야 했다. 그래서 조선에 복속을 요구하였으나, 조선은 당연히 이를 거부하였고, 이에 도요토미는 조선을 굴복시키기 위한 원정을 준비하였다.

 1591년 조선 원정을 위한 전진기지를 새로이 짓기 시작하였는데, 지금의 사가현 가라쓰시의 바닷가에 8개월 만에 거대한 성을 축성하였다. 성 이름이 나고야(名護屋)였다. 아이치현 지역인 나고야(名古屋)와 발음이 같다 보니 이와 구별하기 위해 '히젠 나고야(肥前 名護屋)'라고 부른다. 이 성에 전국의 16만 병력이 모여들었고, 마침내 1592년 4월 출병한다. 꽃피는 봄날 엄청난 비극의 전쟁은 그렇게 시작되었다.

 일본에서는 임진왜란을 두 개로 구분해서 부른다. 우리

가 임진왜란이라 부르는 1592년 첫 침입을 '분로쿠 전쟁(文祿의 役)'이라 부르고, 1597년 정유재란이라고 부르는 두 번째 대규모 침입을 '게이초 전쟁(慶長의 役)'이라고 부른다.

일본은 왜 조선을 침략했는가? 아니 왜 명나라 정벌을 꿈꾸었을까? 그 이유는 여럿 얘기되고 있다. 몽골 침입에 대한 복수라고 언급되기도 하고, 부하들에게 나눠 줄 땅이 필요했다는 주장도 있다. 혹자는 히데요시의 망상이었다고 말한다. 히데요시 이전에 오다 노부나가도 유사한 구상을 했었다는 자료가 있는 것을 보면, 아마 당시 그들 사이에 현실적으로 명나라 정벌이 가능하다는 생각을 어느 정도 공유하였던 것 같다. 명나라 정벌에 성공하면 천황은 북경으로 모시고, 자신은 영파(寧波, 명나라 시절 일본과의 교역 중심 도시)에 자리 잡은 후 일본 통치는 후계자에게 맡기겠다는 제법 구체적 구상까지 했다고 한다. 또한 일본서기에서 비롯한 '일본은 신국(神國)'이라는 믿음이 일정 부분 그들의 정서 밑바닥에 깔려 있어 정복 전쟁의 동기가 되었던 것으로 보기도 한다.

구체적으로 당시 상황을 살펴보면, 일본은 전국 시대를 마무리하고 통일을 이룬 후, 류큐(琉球, 오늘날 오키나와), 필리핀 같은 나라에 새로운 왕의 즉위를 알리는 국서를 보내기도 했다. 조선에 대해서는 국왕을 일본으로 들어오게 하라는 요구도 했다. 다만 당시 중간에 낀 대마도주가 적당히 조정을 해서 결과적으로 조선에서는 통신사 황윤길, 김성일을 보내게 되었다. 그런데 도요토미는 이 통신사의 방문을 조선이 복속한 증거로 여겼다고 한다. 그래서 명나라를 치러 가는데 조선이 길 안내를 해달라는 요구를 하기도 했다. 정명향도(征明嚮道: 명을 치러 가는 길 안내를 하라)였다. 중간에 낀 대마도주는 조선이 이를 받아들일 리가 없다는 사실을 잘 알고 있었기에 표현을 완화하여 정명가도(征明假道: 명나라를 치러 가는 길을 빌려 달라)로 바꾸어 전달했다. 이 역시 조선은 어림없는 소리라며 일축해 버렸다. 임진왜란의 발발 이면에 이러한 배경이 깔려 있었다는 사실이 우리에게는 비교적 생소한 편이다.

전쟁이 시작되자 일본군은 부산에 상륙한 뒤 한 달도 채 되지 않아 한성을 점령하였다. 선조는 한성을 버리고 피난을 떠났다. 그러자 그들은 왕이 조선의 수도를 비우고 도망갔으니, 조선은 망한 것으로 받아들였다. 왜냐하면 일본에서는 성(城)의 지배자가 죽거나 도망가거나 없어지면 성안의 사람들은 점령자에게 자연스럽게 복종하고 새로운 질서를 세우기 때문이었다. 조선도 그럴 줄 알았다. 그래서 도요토미는 현지의 장수들에게 백성들을 괴롭히지 말라는 명령을 내리고, 조선 팔도를 통치할 담당을 정하기도 했다. 고니시 유키나가는 평안도, 가토 기요마사는 함경도, 그리고 서울은 우키다 히데이에… 이런 식이었다. 도요토미 자신도 하루속히 한반도로 건너가 직접 전쟁 지휘를 할 생각이었다.

그러나 조선은 그들이 생각했던 나라가 아니었다. 고분고분해야 할 백성들이 의병을 조직하고 관군과 협력하여 일본군에게 대항하기 시작했다. 바다에서는 일본 수군이 이순신 장군에게 연전연패를 당하여 히데요시 자신이 조선으로 건너가는 것도 너무 위험하게 되어 버렸다. 명나라도 비교적 신속하게 원군을 보냈다. 평양까지 파죽지세로 올라갔던 일본군의 전진은 거기까지였다. 추가 병력도, 보급품도 보내기 어렵게 되었고, 결국 평양성 싸움에서 패배한 후에는 남쪽으로 후퇴할 수밖에 없었다.

그렇게 1년여 기간이 지나자, 일본은 남쪽 해안으로 몰리게 되었고, 적극적인 싸움을 원치 않던 명나라와 강화 회담을 시작하였다. 당시 강화 회담에서 일본이 제시한 조건을 보면 그들이 얼마나 황당한 인식을 하고 있었는지 알 수가 있다. 그 내용 중 일부는 다음과 같다.

- 명나라 황녀를 일본 천황의 후궁으로 삼는다
- 조선 8도 중 4도를 일본에 이양한다.
- 조선의 왕자와 신하를 볼모로 일본에 보낸다.
- 조선의 권신이 일본에 배반하지 않겠다는 서약을 한다.

이렇게 상황 판단이 비현실적이었던 이유는 도요토미가 조선에 대한 정확한 정보를 가지고 있지 않았고, 조선에 나와 있던 장수들도 전황을 제대로 보고하지 않았기 때문이었다. 도요토미 자신이 처음 구상했던 것처럼 직접 한반도로 건너와 전쟁을 지휘하였다면 상황이 바뀌었을지도 모를 일이다. 여하튼 도요토미는 처음부터 끝까지 오도된 결정을 할 수밖에 없었던 것 같다.

임진왜란은 우리나라에 엄청난 피해를 주었다. 일본 또한 워낙 대병력을 보낸 데다 손실이 컸기 때문에 자신들의 역사 전개에도 큰 영향을 미쳤다. 임진왜란이 끝난 2년 후 벌어진 세키가하라 전투에서 도요토미 측이 패배하고, 도쿠가와 이에야스가 패권을 쥐게 되는데, 도요토미 세력이 패한 이유는 그들이 조선 침략에 너무 많은 자원을 써 버렸기 때문이기도 했다. 반면 도쿠가와는 온갖 핑계를 대며 조선 침략에 참여하지 않고 내실을 키워 왔었다.

앞에서도 잠시 언급했지만, 이 전쟁을 통해 우리는 일본인의 의식을 들여다볼 수 있을 것 같다. 우선 첫 번째는 몽골 침입에 관한 것이다. 도요토미는 전쟁을 일으키면서 과거 몽골 침략의 원수를 갚는다는 내용을 명분으로 포함했다. 우리 역사에서는 여몽 연합군의 일본 침공에 대해 크게 다루지 않아 그에 대한 기억은 매우 희미한 편이다. 그런데 일본인들은 그 역사적 사건에 대해 다른 기억을 가지고 있는 것 같다.

두 번째로 도요토미는 일본을 신국(神國)이라고 생각하고 있었다는 기록들이 많이 있다. 일본서기의 신화에서 비롯된 이러한 생각은 근대 일본이 침략 전쟁을 일으키면서 했던 주장들과도 맥을 함께 한다. 임진왜란 역시 그러한 인식의 연장선상이었다. 오늘날 일본이 비록 민주주의를 표방하고 있지만, 여전히 천황제를 고수하고 있고, 그들만의 신도 의식을 중시하는 것을 보면 마음 깊은 곳에 그러한 선민의식이 여전히 남아 있다고 볼 수 있다. 그러한 의식은 상황에 따라 언제든지 배타적으로 작용할 수 있지 않을까 생각된다.

일본의 침략으로 한반도에서 벌어진 이 전쟁은 조선과 일본뿐만 아니라 중국의 역사 흐름에도 큰 영향을 미쳤다. 명나라는 국력을 소비하여 쇠퇴하였고, 만주 지역에 대한 통제가 약해진 틈을 이용해 여진족이 크게 일어나 청나라를 세우게 된 것이다.

그리고 300여 년이 흐른 1910년 일본은 다시 한반도에 상륙하여 한일합방조약 체결을 통해 조선을 식민지화했다. 이 또한 어쩌면 그들의 의식 밑바닥에 깔린 신국(神國) 추종 의식이 변하지 않았기 때문에 일어난 일이 아닐까? 그런 관점에서 보자면 임진왜란의 뿌리는 여전히 남아 있다고 볼 수도 있을 것 같다.

26. 중세 마지막 대형 사건, 세키가하라 전투

 세키가하라 전투를 모른다면 일본 역사를 안다고 말하지 말라. 우리에게는 다소 생소한 사건이지만 이 전투는 일본 역사 흐름을 바꾼 3대 전투 중 하나로 꼽을 수 있을 만큼 큰 승부였다. 중세의 막을 내리고 새 시대를 열게 만든 세키가하라 전투! 이 싸움은 어떻게 일어났고 누가 승리했나?

일본 역사 흐름을 바꾼 날 세 개를 꼽아보라고 한다면, ① 663년 한반도 백촌강 입구에서 나당 연합군과 일본 지원군의 전투가 있던 날, ② 1600년 세키가하라에서 큰 싸움을 벌인 날, ③ 1942년 5월 미드웨이 해전의 날, 바로 이 3개가 아닐까?

1600년 9월 15일(음력) 임진왜란이 끝난 지 2년 후, 일본 기후현(岐阜懸) 세키가하라(關ヶ原) 계곡에 18만 대군이 마주 섰다. 그 계곡은 나고야에서 교토로 갈 때 거쳐

야 하는 좁은 길목이다. 서편 부대들은 산을 등지고 병력을 넓게 배치하고 있었다. 반면 동측 부대들은 종심이 길게 겹겹이 서 있는 모양이었다. 일본 역사를 바꾼 세키가하라 전투의 날이었다.

세키가하라 전투의 결과 도쿠가와 이에야스(德川家康)가 완전히 권력을 잡은 후, '에도' 막부시대를 열어 260여 년 동안 평화로운 시기를 맞았다. 중세에서 근세로 넘어가는 커다란 전환점이 된 것이다.

1598년 도요토미 히데요시(豊臣秀吉)가 사망하자 조선에 나갔던 병력이 철수함으로써 임진왜란이 끝났다. 사실 그 전쟁은 도요토미 히데요시 외에 누구도 원치 않았었다. 히데요시의 후계자는 아들 히데요리(秀賴)가 되었는데, 나이가 어려 중심을 잡지 못하였다. 그러자 그동안 잠복하여 있던 중신들 간 갈등이 표출되기 시작하였다. 그 갈등은 전장에서 싸우던 무장 그룹과 히데요시 밑에서 보좌하던 가신 그룹 사이에서 주로 발생했다. 히데요시에 충성하던 그룹이, 이미 최대 세력으로 커져 버린 도쿠가와 이에야스를 견제하는 구조의 갈등과 겹쳐 있었.

두 파벌 간의 갈등은 1600년 7월이 되자 본격적인 군사적 움직임으로 나타났다. 히데요시 가신 그룹의 리더였던 이시다 미츠나리(石田三成)는 조슈의 다이묘였던 모리 데루모토(森輝元)를 총대장으로 임명했다. 가을이 되면서 이에야스의 병력이 서쪽으로 진군, 히데요시의 본거지인 오사카로 향했다. 이에 미츠나리의 군사는 그 길목인 세키가하라에서 한판 승부를 짓기로 결정하였다.

도쿠가와 이에야스는 자신의 세력도 강력했지만, 관동 지방의 다이묘들을 자기편으로 끌어들여 놓고 있었다. 그들이 동쪽 지역 세력이라 동군이라 불렀다. 반면에 도요토미 히데요시 충성파들은 주로 서쪽 지역 다이묘들이라 서군이라 불렀다. 출신 지역이 양쪽 편을 가르는 데 중요한 역할을 했다. 병력의 수는 서군이 조금 많아 10만, 그리고 동군은 8만이었다. 임진왜란을 통해 우리에게도 잘 알려진 고니시 유키나가(小西行長)는 서군 편에 섰고, 가토 키요마사(加藤淸正)는 동군이 되었다. 키요마사는 히데요시의 양자로 충성심이 강했지만, 미츠나리와의 개인적 감정 때문에 동군 측에 서게 되었다 한다.

첫날 양측의 세력은 팽팽하였다. 균형이 무너진 건 둘째 날이었다. 그때 양측에 모두 선을 대놓고 기회를 살피며 꼼짝하지 않던 고바야카와 히데아키(小早川秀秋)가 최종적으로 이에야스의 동군 편에 서기로 결심하고 움직였다. 이 모습을 본 서군의 여러 부대가 역시 동군으로 돌아섰다. 서군의 다이묘들은 결속력이 약했다. 그러자 전세가 급격하게 기울었고, 결국 도쿠가와 이에야스의 동군이 대승을 거두었다.

전쟁이 끝난 후 서군을 이끌던 이시다 미츠나리 등 장수들은 체포되어 참수되었다. 서군 측에 섰던 고니시 유키나가도 그렇게 처형되었다. 그들의 영지도 몰수되었다. 이긴 편에 섰던 가토 키요마사는 구마모토에 영지를 받았다. 현존하는 구마모토성도 그가 세운 것이다.

그런데 세키가하라 전투에서 서군 측에 섰다가 큰 피해를 당한 사쓰마의 시마즈(島津) 가문과 조슈의 모리(森) 가문은 아이러니하게도 200여 년 후 메이지 유신의 주역이 된다. 메이지 유신의 출발점이 도쿠가와 막부를 무너뜨리는 것이었는데, 돌이켜 보면 이 가문들이 유신에 앞장을 서게 된 이유가 세키가하라의 원한 때문이 아니었겠는가?

세키가하라 전투 당시 서군의 리더는 이시다 미츠나리

였다. 미츠나리는 행정 전문가로서 도요토미가 통일 전쟁을 치를 때 행정적인 면에서 그를 도와 큰 공을 세웠다. 임진왜란 때에도 조선으로 건너가 행정을 담당하였다. 그는 군사 부문에는 문외한이었다. 그러다 보니 행주산성 싸움에서 부대를 지휘하다 권율 장군에게 대패한 일도 있다.

 미츠나리는 리더로서 부족한 점을 가지고 있었다고 평가받는다. 특히 임진왜란 당시 함께 참전했던 장수들과의 관계가 좋지 않았다. 한양을 누가 먼저 점령하였는가의 문제를 두고 가토 키요마사와 고니시 유키나가가 경쟁할 때, 미츠나리는 키요마사에게 불리한 보고를 하여 관계가 틀어지기도 했다. 또 서군에서 동군으로 전향해 전세를 바꿨던 히데아키도 임진왜란 중 미츠나리의 간언 때문에 영지를 뺏겼던 경험이 있어 나쁜 감정을 갖고 있었다고 한다. 미츠나리는 행정 업무는 뛰어났지만 매우 엄격하고 포용력이 부족하여 다른 다이묘들과 갈등이 많았던 것 같다. 부족했던 인격과 성품이 결국 자신을 죽음으로 몰고 갔는지도 모르겠다.

4장

근세

도쿄에서 평화와 번영을 누린 에도 막부

에도(도쿄) 시대를 연 도쿠가와 이에야스
잠깐만! 근세 시대 한눈에 훑어보기
에도(江戶)는 황무지에서 수도 도쿄가 되었다
막번 체제가 뭐지?
참근교대제(參勤交代制)가 가져온 뜻밖의 번영
에도는 어떻게 세계 최대 도시가 되었을까?
서양과 츤데레 관계를 맺다
학교에서 배우지 못한 조선통신사 이야기
우리가 몰랐던 일본 근대화 성공 배경

27. 에도(도쿄) 시대를 연, 도쿠가와 이에야스

　　에도! 일본 역사를 잘 모르는 사람도 '에도'라는 용어는 들어보았을 것이다. 에도는 현재의 도쿄를 말한다. 이 도쿄 부흥 시대를 처음 연 사람이 도쿠가와 이에야스다. 중세 마지막 전투에서 승리하며 전국 시대를 마무리 짓고, 새로운 쇼군이 되어 에도 막부라는 일본의 새 역사를 만든 도쿠가와 이에야스! 그는 누구인가?

　임진왜란이 끝난 지 2년이 되는 1600년 가을, 일본 기후현의 벌판에서 20만 가까운 병력이 집결하여 큰 싸움을 벌였다. 세키가하라(關ヶ原) 전투였다. 이 싸움에서 이긴 도쿠가와 이에야스(德川家康)가 전국 시대를 마무리 짓고 새로운 시대의 쇼군이 되었다.

　미천한 신분에서 출발하여 최고의 자리까지 올라갔던 도요토미 히데요시와는 달리, 도쿠가와 이에야스는 작은 지역의 영주 마츠다이라(松平) 가문 출신이었다. 성장한 후에는 오다 노부나가의 밑으로 들어가 전공을 쌓아가며 힘을 키웠다. 그러다 오다 노부나가가 암살당한 후 도요토미 히데요시가 혼란스러운 상황을 수습하고 권력을 잡자, 도요토미의 휘하에 들어갔다.

전국을 통일하고 최고 권력자가 된 도요토미 히데요시는 조선 침략 전쟁을 일으키며, 전국의 다이묘(지방 영주)들에게 출전을 명령했다. 그런데 도쿠가와는 이런저런 핑계를 붙이며 참전하지 않았다. 이미 도쿠가와의 세력이 매우 강성해진 데다 조선과 큰 전쟁을 치르던 상황이었기 때문에, 말을 듣지 않아도 도요토미는 어찌하지 못했다. 도요토미가 세상을 떠나고 임진왜란도 끝난 이후, 도쿠가와 세력과 도요토미 후계 세력이 세키가하라에서 최후의 결전을 벌이는데, 조선에 출병하지 않고 내실을 키운 도쿠가와가 최종 승리자가 되었다.

도쿠가와 가문의 근거지는 원래 미카와(三河)였다. 지금의 나고야 근처 오카자키(岡崎) 지역이다. 그런데 도요토미가 호조 가문과의 싸움에서 이긴 후 호조가 다스리던 간토 지방을 도쿠가와에게 주어서 그리로 옮기게 했다. 간토는 넓은 땅이었으나 불모지가 많고 사람들도 사나웠다. 당시로서는 벽지였다. 거의 유배를 보내는 의미였다. 그러나 도쿠가와는 불모지 같았던 간토의 에도 지역 습지를 메꾸고, 물길을 바로 잡는 등 개발을 통해 새로운 도시를 만들었다. 오늘날의 도쿄이다.

1603년 도쿠가와 이에야스는 쇼군이 되어 에도에 막부를 개창하였다. 가마쿠라, 무로마치에 이은 3번째 막부다. 그리고 1605년 이에야스는 쇼군 지위를 3남인 히데타다(秀忠)에게 넘겨준 후, 시즈오카의 슨푸성에 들어가 자신을 오고쇼(大御所)라고 지칭하며 이중 정치를 시작하였다.

이에야스는 슨푸성에서도 다양한 활동을 하였는데 그중에서 흥미로운 것은 표류 선박의 선원이었던 얀 요스틴, 윌리엄 애덤스 같은 사람을 고문으로 삼아 네덜란드, 영국 등과 무역을 추진하였다는 점이다. 이러한 시도는 훗날 일본이 조선과 달리 근대화에 성공한 하나의 원인(遠因)으로 작용하였다.

도쿠가와 이에야스

28. 잠깐만! 근세 시대 한눈에 훑어보기

에도 막부 시대로 일컬어지는 근세는 일본의 부흥기였다. 현재 일본의 수도 도쿄가 이때 세계적 도시로 성장했다. 여전히 무사들이 사회를 지배했지만, 전쟁이 없던 시기여서 상업이 발달하고 인구가 증가하였다. 에도 시대에 경제적 발전이 가능했던 배경은 무엇일까?

일본 최초의 막부는 가마쿠라 막부이고, 그다음이 무로마치 막부이다. 이 두 막부 시대를 중세로 분류한다. 그리고 이어서 세워진 에도 막부는 이들과 구분하여 따로 근세라고 부른다. 근세로 구분하는 이유는 이전의 중세 가마쿠라 막부, 무로마치 막부와 비교해 볼 때, 사회 구조, 경제 상황 등이 크게 달랐기 때문이다.

에도(江戶) 막부는 임진왜란이 끝난 지 2년 후 세키가하라 대전투에서 승리한 도쿠가와 이에야스(德川家康)가 전국시대를 마무리 짓고 새로운 시대의 쇼군이 되어 지금의 도쿄에서 처음 열었다.

에도 막부는 쇼군의 직계 가문을 에도 근처 혹은 요충지로 보내고, 충성도가 약한 세력은 먼 지역으로 배치하였다. 지방 세력가인 다이묘들의 반란에 대비한 결정이었다. 나라의 질서를 세우기 위해 여러 법령, 즉 무가제법도(武家諸法度)도 발표하였다. 목적은 중앙 정부의 존재를 강력하게 유지하는 것이었다. 예컨대 각 영주는 성 하나만 남기고 모두 부숴야 했고, 다이묘끼리의 혼인도 쇼군의 승인을 받아야 했다. 산킨코타이(參勤交代, 참근교대)라는 제도도 만들었다. 이 제도에 따라 지방 영주는 격년으로 에도에 머물러야 했고, 가족도 에도에 인질로 두어야 했다. 다이묘들에게는 참으로 성가신 제도였다.

사회적으로는 사(士), 농(農), 공(工), 상(商)의 엄격한 신분 제도가 있었다. '사'는 선비 또는 문인이 아니라 '무사'로서 지배 계급이었다. 성을 사용할 특권이 있었고, 칼을 휴대할 수 있었다. 아랫사람들을 벨 수 있는 권한도 가졌다. 그들은 쇼군, 다이묘로 이어지는 가신단에 속해 봉록을 받았다. '공'과 '상'을 담당하는 사람들은 조닌(町人)이라고 불렀다.

에도시대는 전반적으로 경제가 번성하였다. 모내기의 도입, 농기구 발달, 농지 개간 등으로 쌀 생산량이 크게 늘었다. 상업도 발달하여 도시 발전과 상승 작용을 일으키며 함께 성장하였다. 다이묘들을 통제하기 위한 목적으로 실시한 산킨코타이 제도로 인해 교통 및 물류망이 정비되면서 그 발달 속도는 더욱 빨라졌다.

화폐 사용이 활성화되자 기대하지 않았던 경제 효과도 발생했다. 전통적인 도시였던 오사카, 교토뿐만 아니라 새로운 막부의 수도인 에도 역시 지방 번주들의 거주 등에 힘입어 큰 도시로 발전하였다. 에도 인구는 당시 파리나 런던 인구보다 많았다고 한다. 상업과 수공업의 발전에 따라 조닌(町人) 계층이 성장하고, 이들이 에도 문화 전개에 커다란 역할을 담당하였다.

여기서 한 가지 주목할 만한 사실은 일본의 역사 전개 과정에 있어 우리나라와 크게 다른 점 중 하나가 무인 중심 사회였다는 것이다. 우리나라는 신라의 통일 이래 대부분 통일 왕국을 유지해 왔기 때문에 왕이 지배하는 정치 체제였다. 그리고 국가를 통치하는 데 있어 문신들이 권력을 가졌다. 일본은 700여 년 막부 시대 동안 왕은 형식적으로만 존재했다. 가장 강한 무력을 가진 자가 쇼군이 되어 지배했기 때문에 무력 자체가 권력 유지의 핵심이었다. 쇼군의 무력이 약해지면 경쟁 다이묘들이 도전하곤 하였다. 따라서 쇼군은 항상 무력을 보유해야만 했고, 무사들을 중시했다.

에도 막부 시절에도 무사, 즉 사무라이들의 사회적 위치가 높았다. 그러나 에도의 평화가 길어지고, 오랜 기간 전쟁이 없자 사무라이에 대한 대우와 인식도 점차 달라졌다. 그에 따라 사무라이들의 변신이 시작되었다. 바로 이러한 사무라이 중심 사회의 변화가 일본 근대 역사 전환에 큰 배경이 되었다고 할 수 있다.

한편, 조선은 일본과 꾸준하게 교류해 왔다. 흔히 알고 있는 통신사 말고도, 회례사, 보빙사, 경차관 등의 이름으로 사신을 파견하였다. 우리가 잘 알고 있는 황윤길, 김성일도 통신사였다. 임진왜란으로 조선은 일본과 외교 관계를 끊었으나 새로이 정권을 쥔 도쿠가와 막부가 조선에 국교 재개를 요청하였다. 우여곡절을 거쳐 두 나라 관계가 정상화되자 조선이 통신사를 파견한 것이다. 1607년 첫 통신사를 보낸 이후, 주로 쇼군 즉위 등의 시기에 맞추어 1811년까지 총 12회 파견하였다.

그즈음 지구 반대편에서는 일본이나 조선 모두에게 엄청난 영향을 미치게 될 상황이 전개되고 있었다. 일본 세키가하라 전투가 있었던 게 1600년이고, 에도 막부는 1603년 열렸는데, 그즈음 영국은 1600년, 네덜란드는 1602년에 아시아 식민지 개발과 경영을 위해 동인도 회사를 설립하였다. 콜럼버스가 신대륙을 발견한 것이 1492년, 바스쿠 다가마가 인도양 항로를 개척한 것이 1498년이었으니, 서양은 이미 100여 년 전부터 아시아로의 길을 개척하고 있었던 셈이다.

최초의 근대적 조약이라고 일컬어지는 베스트팔렌 조약도 30년 전쟁이 끝난 1648년 맺어졌다. 세계화를 위한 유럽인들의 준비는 착착 진행 중이었다고 할 수 있다. 일본도, 그리고 조선도 그들에게 닥칠 미래를 전혀 상상조차 하지 못하고 있던 때였다.

29. 에도(江戶)는 황무지에서 수도 도쿄가 되었다

  에도는 도쿄의 옛 이름이다. 현재 일본 수도인 에도(도쿄)는 원래 농사짓기도 힘든 작은 시골 마을에 불과했다. 하지만 도쿠가와의 집념으로 오늘의 도쿄를 만들었다. 도쿄가 이에야스의 도시라고 할 수 있는 이유다. 나중에 천황도 이곳으로 옮겨오면서 에도는 일본 수도로서의 지위를 확고히 자리매김하였다. 에도와 도쿄, 도쿠가와 이에야스에 얽힌 뒷이야기는?

에도는 지금의 도쿄이다. 이름 없는 작은 시골 마을이었던 이곳에 15세기경 오타(太田)라는 사람이 처음으로 성을 세웠다. 그 성은 역사적으로 별 의미가 없는 매우 미미한 것이었다. 그러다 도요토미 히데요시가 도쿠가와 이에야스를 에도로 보내면서 에도의 역사가 바뀌기 시작하였다. 당시 에도는 중앙과 거리가 먼 변방에 불과했다. 염분기 있는 토지가 많아서 농업 생산량도 적은 곳이었다. 도요토미가 도쿠가와를 이곳으로 보낸 이유는 호조씨가 오랜 기간 다스리던 지역이라 세력을 키우기 어려울 것으로 보았기 때문이다.

에도로 오게 된 도쿠가와는 에도의 잠재력을 내다보고 본격적인 개발에 착수하였다. 간토 평야의 홍수를 막기 위해 하천을 정비하고 제방을 쌓았다. 식수 문제 해결을 위해 멀리 타마강에서 물을 끌어오는 대규모 상수도 시설을 건설했다. 도로도 새로이 만들었다. 또한 에도성을 새로이 축조하였다.

나중에 도쿠가와가 세키가하라 전투에서 승리하고 쇼군이 되어 막부를 개창하였을 때, 어떤 이들은 나라의 중심인 교토로 터전을 옮기자는 주장을 하였다. 하지만 그는 에도에 머물면서 에도를 더욱 발전시켜 나가는 방향으로 결정하였다. 도쿠가와 이에야스는 에도를 건설하기 위해 각 번을 활용하였는데, 이는 에도 건설과 함께 잠재적 위협인 지방 세력을 약화시키는 일석이조의 정책이었다.

에도 막부 시절, 도쿠가와 집안의 쇼군은 에도에서 통치를 하고, 천황은 교토에 머무는 체제를 유지하였다. 하지만 메이지 유신으로 천황이 실권을 잡게 된 1868년, 천황은 에도의 이름을 도쿄로 바꾸고 교토를 떠나 넘어오게 되었다.

  당시 천황의 도쿄 이전에 대해 내부적으로 말이 많았다. 교토 사람들은 천황의 이주에 반대하여 한때 오사카로의 이전을 추진하였다. 하지만 결국 지리적으로 나라의 중앙에 위치하고, 쇼군이 살던 거처가 이미 준비 되어있는 등의 장점이 많은 도쿄로 천도가 결정되었다.

  천황이 도쿄로 거처를 옮긴 후에도 한동안 교토와 도쿄 중 어디가 수도인지에 대해 논의가 많았다. 두 도시를 모두 수도로 본다는 의미에서 천황의 도쿄 이사를 '천도(遷都)'가 아니라 '전도(奠都)'라고 표현하기도 한다. 천황의 즉위례도 교토에서 실시하곤 하였는데, 1990년 아키히토 천황부터는 즉위례도 도쿄에서 실시하였다.

30. 막번(幕藩) 체제가 뭐지?

 막번 체제? 생소한 표현이다. 에도 시대는 막번 체제를 유지하며 정권을 유지했다. 막번 체제란 막부의 우두머리인 쇼군이 핵심 권력을 가지고, 각 지방은 번의 영주인 다이묘가 독립적으로 지배하는 방식을 말한다. 즉 지방분권적 통치 체제였다. 이 막번 체제가 결과적으로 일본의 실용적 발전 배경이 되었는데 그 이유는?

막번 체제는 '막부(幕府)'와 '번(藩)'으로 구성된 체제를 의미한다. 일본 중앙에는 쇼군을 우두머리로 하는 막부가 있고, 각 지방에는 영주인 다이묘가 지배하는 번들이 존재했다. 통치에 직접 간여하진 않았지만, 가장 높은 지위인 천황은 교토에 머물렀다.

막부는 직할령만 직접 통치하고, 번은 각 다이묘가 다스려 막부가 간섭하지 않았다. 다이묘들은 그 아래 가신을 두었다. 자체적으로 법률도 만들고, 세금도 걷고, 재판도 했다. 무사들, 즉 사무라이들은 다이묘와 가까운 곳인 조카마치(城下町)에 거주하며 녹을 받고 살았다.

에도 시대 다이묘들은 출신 성분에 따라 크게 세 가지 형태로 구분되었다.

1) 신판(親藩) 다이묘: 도쿠가와 이에야스의 직계에 속하며, 군사적 요충지에 위치하였다. 이 중에서도 중요한 다이묘들은 고산케(御三家)라고 불리는데, 쇼군의 후계자가 없을 때 후계자를 배출하기도 하였다.

2) 후다이(譜代) 다이묘: 세키가하라 전투 이전부터 도쿠가와의 편이었던 다이묘이다. 막부의 고위 관료직을 차지하기도 하면서 막부 실무를 책임지는 역할을 하였다. 이들 중에서 가장 역사가 오래된 안조칠후다이(安祥七譜代)가 있는데 사카이(坂井), 혼다(本田), 오쿠보(大久保), 이시카와(石川), 아베(安倍), 아오야마(靑山), 우에무라(上村) 등 집안이다.

3) 도자마(外樣) 다이묘: 도쿠가와에 저항했던 다이묘 혹은 최근에 복속한 자들로 에도에서 먼 지역에 위치하였다. 조슈의 모리, 사쓰마의 시마즈 등이 유명하다.

막번 체제는 일본을 지방분권적으로 지배하는 방식이었다. 조선이나 중국과 같은 중앙 집권적 체세와는 다른 방식으로 발전하였다. 또한 과거제도도 도입하지 않았다. 이는 무사들이 지배하였기 때문이기도 했지만, 지방분권적 지배 형태에 따른 영향 때문이었을 것으로 본다.

각 지방의 다이묘들은 각각 자기 영역에서 성장해야 했기에 생산력을 키우기 위해 노력을 많이 기울였다. 최고 의사결정권자가 늘 현장과 가까이 있어서 사회가 실용적으로 발전하였다. 서구 문물을 적극적으로 받아들인 배경도 그러한 연유가 작용했다고 볼 수 있을 것 같다.

31. 참근교대제(參勤交代制)가 가져온 뜻밖의 번영

 집 청소하다 잃어버린 돈 찾은 경험을 해 보았는가. 살다 보면 가끔 뜻하지 않은 이득을 본다. 국가 정책도 그럴 때가 있다. A라는 목적으로 정책을 시행했는데 의외로 B의 효과까지 거두는 것이다. '참근교대제'가 딱 그런 경우이다. 이 제도가 뜻밖에 일본 경제 발전으로 이어졌는데, 참근교대제가 도대체 뭐길래 이러한 효과를 가져왔을까?

세상은 참 재미있다. 잘하려고 했던 일, 또는 한때 잘된 결과가 장기적으로 나쁜 결과로 귀결되는 경우가 있고, 그 반대의 경우도 더러 발생한다. 일본의 '참근교대'라는 제도가 후자인 경우라고 할 수 있다. 각 번들의 세력 약화를 위한 그 제도가 의도하지 않게 일본의 근대화를 앞당기는 좋은 결과를 가져왔으니 말이다.

'참근교대'의 일본어 발음은 '산킨코타이'다. 이 제도는 에도 막부 시절 각 번의 다이묘들을 통제하기 위해 시행되었다. 다이묘들은 1년 주기로 에도와 자기 영지를 오가아 했다. 영주가 자기 영지로 가 있는 동안 정실부인과 후계자인 아들이 대신 에도에 머물러 있어야 했다. 일종의 인질 정책인 것이다. 에도와 영지를 왔다 갔다 하기 위해서는 엄청나게 큰 비용이 들었다. 영주가 이동할 때 함께 움직이는 사람이 수백 명, 수천 명이었는데, 이 제도의 뿌리가 군역이라서 병사들을 데리고 가야 했기 때문이다.

여비뿐만 아니라 본국과 에도 두 집 살림에 따른 비용도 만만치 않았다. 다른 지역 번들과 비교가 되다 보니 모양새도 신경 써야 했다. 이동 행렬도 그렇고, 에도 생활비도 아낄 수 없었다. 그러한 비용 때문에 각 번은 경제적으로 큰 부담이 되었다. 재산 축적이 이루어질 수 없는 구조였다. 잠재적 경쟁자인 각 번들의 힘을 약화하고자 했던 에도 막부의 의도가 효과적으로 실현된 것이다.

이 대목에서 잠시 한반도와 일본 역사 전개의 차이점에 대해 생각해 보자. 한반도에서는 신라가 3국을 통일한 이후 후삼국의 짧은 기간을 제외하고 줄곧 통일 국가를 이어왔다. 통일 국가들은 국가 통치를 하는 데 있어 문신들이 중심이었고, 지방에는 관리를 파견하였다.

그러나 일본은 가마쿠라 막부 이후 700여 년 동안 무신이 지배하는 역사를 이어왔고, 지방분권적이었다. 막부의 쇼군도 사실은 하나의 번일 뿐이었다. 천황으로부터 정이대장군 칭호를 받아 내어 이를 권위의 밑바탕으로 했을 뿐, 실질적 힘을 갖지 못하면 지배력을 유지하기 힘들었다. 역사적으로 쇼군 가문의 세력이 약해져 지배력을 잃게 되면, 다른 번에서 반란이 일어나곤 했다. 참근교대 같은 제도는 '무신 지배의 지방분권적 정치체제'였기 때문에 생겨난 것이라고 볼 수 있다.

그런데 이 참근교대 제도가 뜻하지 않은 긍정적 효과를 낳았다. 전국의 200개 가까운 번에서 많은 사람이 움직여야 했기 때문에 도로가 닦이고 역참이 발달하였다. 이에 따라 물류도 성장하였다. 에도 문화가 전국적으로 퍼지게 되고, 각 번에서 올라온 사람들로 인해 에도의 인구가 크게 늘었다. 에도 인구는 무려 100만이 넘는 세계 최대 도시가 되었다. 당시 런던, 파리가 50~60만 인구 수준이었던 것을 생각하면 엄청난 규모였다. 그 시대 주된 생산물은 쌀이었지만, 영주가 에도로 떠날 때 쌀을 직접 들고 갈 수가 없었다. 그래서 화폐가 발달하였다. 참근교대 제도가 가져온 이러한 여러 상황 때문에 교역과 상업이 융성

할 수밖에 없는 환경이 조성된 것이다. 처음부터 예상했던 결과는 아니었다.

이처럼 일본 에도 시대는 상업이 크게 발달하였다. 경제 수준이 높았으며, 도시가 번성하였다. 이 환경은 훗날 일본의 근대화 추진, 성공에 중요한 밑바탕이 되었다. 그렇다면 처음부터 에도 막부가 몇백 년 후의 근대화를 염두에 두고 이러한 제도를 도입했을까? 그건 아니다. 의도하지 않은 결과가 초래된 거다. 당시 일본이 "운이 좋았다."라고 밖에 말할 수 없을 것 같다.

반면 조선은 이러한 측면에서 볼 때 운이 나빴다. 조선은 중앙집권적이었고, 성리학의 지배 윤리가 강고했다. 상업 발달과 경제 성장의 방향으로 가지 않았다. 그렇다고 해서 조선이 잘못되었거나 부족했다고 말할 수는 없지 않겠는가. 조선 초기 체제를 세웠던 정도전 같은 사람들은 그 당시 지식과 정보를 바탕으로 최선을 다했었다. 500년 후의 근대화를 미리 알지 못했다고 힐난할 수는 없는 노릇이다. 일본과 달리 다만 운이 나빴을 뿐이다.

32. 에도는 어떻게 세계 최대 도시가 되었을까?

 도쿄(에도)를 중심으로 하는 일본 수도권역 인구는 현재 3천700여만 명으로 세계 최대 규모를 자랑한다. 하지만 에도는 이미 중세부터 100만 명을 넘는 세계 최대의 도시였다. 대단한 사건이 아닐 수 없다. 이렇게 에도가 일본 역사상 가장 평화롭고 번성한 도시가 된 비결은 무엇일까?

에도 시대의 일본 사회를 이해하면 오늘의 일본을 이해하는 데 도움이 된다. 수백 년에 걸친 에도 시대 동안 형성된 삶의 방식이 오늘날 일본의 원형이기 때문이다.

우선 막번(幕藩: 일본 발음 '바쿠한') 체제에 대해 다시 살펴보자. 막번 체제란 막부와 번으로 구성된 전국 지배 체제를 말한다. 에도 막부는 자체 직할령 외에 에도, 교토, 오사카 3개 도시를 지배하였다. 주요 금은 광산을 경영하였으며, 화폐 주조 및 나가사키 무역 통제권도 갖고 있었다.

지방의 번들은 다이묘(大名)가 다스렸는데, 다이묘는 신판, 후다이, 도자마 세 종류가 있었다. 신판(親藩) 다이묘는 도쿠가와 집안사람이고, 후다이(譜代) 다이묘는 오래된 신하들이었으며, 도자마(外樣) 다이묘는 세키가하라 이후 도쿠가와에 귀속된 다이묘들이다. 역사에 자주 등장하는 몇몇 다이묘들을 살펴보면, 현재 야마구치의 모리(毛利), 가고시마의 시마즈(島津), 나가사키의 나베시마(鍋島), 구마모토의 호소카와(細川) 등을 들 수 있겠다.

에도 시대는 엄격한 사농공상(士農工商)의 신분제를 유지했다. 조선도 사농공상의 신분제였으나, '사'가 두 나라 사이에 큰 차이가 있다. 조선에서의 '사'는 선비를 지칭하나, 일본에서의 '사'는 무사(武士) 계급, 즉 사무라이를 말한다. 공·상을 담당하는 사람들은 조닌(町人)이라고 불렀다. 신분은 세습되어 바꿀 수 없고, 결혼도 신분에 따라서 해야 했다. 거주이전의 자유도 없었다. 직업 또한 신분에 따라 정해졌다. 흔히 일본에 대를 이은 장인이 많다고 하는데 그 이유가 여기에 있다. 상과 공을 담당했던 조닌들은 천시되지 않았으며, 능력을 인정받고 사회적 영향력을 가졌다.

 전쟁이 끝나고 에도 시대를 맞아 평화의 시기가 지속되자 막부와 번들은 농업 진흥에 힘을 쏟았다. 새로운 농토를 적극적으로 확대하고, 치수에 힘을 모았다. 농업 기술이 개발되고 이모작이 확대되었다. 농업 기술과 도시가 발달하자 작물도 널리 재배되었다. 더 나아가 농촌 가내공업도 발달하였다. 이러한 생산력의 확대는 도시 발달과 맞물려 상업이 크게 성행하였다. 자연스럽게 도시인구도 늘어 15만여 명이던 에도 인구는 100만 명까지 이르게 되어 당시 세계 최대의 도시가 되었다.

 에도는 제5대 쇼군인 겐로쿠 시대가 되면서 최대의 전성기를 맞았다. 상업이 발달해 경제력을 쌓은 대(大)상인이 나타나고, 그들을 중심으로 한 조닌 문화가 일어났다. 대표적으로 가부키, 우키요에 등을 들 수 있는데 이는 오늘날에도 일본 문화를 대표한다고 볼 수 있다.

 학문을 좋아했던 도쿠가와 이에야스는 집권 후 문교 정책에 따른 사회 질서 유지를 구상했다. 3대 쇼군 이에미츠 시대에 들어와 문치 정치로 전환, 유학에 기초한 정치 사회 질서를 확립하여 무사들에게 학문과 교양을 쌓도록 장려 했다. 일본 주자학은 전통적 신도(神道)와 결합하여 대의명분을 명확하게 하고 천황을 중시하는 존왕론으로 발전하였다. 특히 미토번(水戶藩)의 도쿠가와 미쓰쿠니(德川光圀)는 에도 막부의 정통성 확립을 위한 역사 편찬 작업을 하면서 당대 학자들을 모두 불러 모았는데, 이 배경으로 미토학이라는 하나의 학파가 만들어졌다. 성리학과 국학을 근간으로 하는 미토학은 존왕양이를 핵심으로 훗날 메이지 유신을 일으키는 사람들의 이념적 근간이 되었다.

33. 서양과 츤데레 관계를 맺다

 츤데레는 일본에서 유래된 단어다. 겉으로는 쌀쌀맞고 까칠하지만, 속으로는 다정한 면을 보이는 경우를 일컬어 말한다. 그래서일까. 일본은 일찍이 서양과의 관계를 설정할 때도 조선과 달리 츤데레 면모를 보였다. 겉으로는 서양을 배척하면서도 제한된 내부 교류를 통해 세계를 파악한 것이다. 당시 일본이 선택한 서양과의 관계 유지 방법은 무엇이었을까?

역사는 어떤 사람들의 의도, 노력에 따라 만들어지기도 하지만, '우연'이 큰 영향을 미치기도 한다. 일본이 근대화에 성공한 유일한 나라라고 칭송을 받고 있는데, 그 과정을 들여다보면 우연의 요소가 많이 들어 있다. 물론 '우연' 그 자체만으로 역사가 된 것은 아니고, 그 우연에 맞닥뜨린 사람들의 대응이 중요했겠지만.

1543년 일본에 하나의 '우연'한 일이 발생하였다. 일본 규슈 남쪽 작은 섬 다네가시마(種子島)에 유럽의 배 한 척이 표착한 것이다. 그 배에 탄 사람들은 포르투갈인이었다. 그들은 화승총을 갖고 있었다. 섬의 영주였던 도키타카(時堯)는 젊고 호기심이 많았다. 그는 그들로부터 두 자루의 총을 거액에 매입하였고, 우여곡절을 거쳐 결국 생산 기술을 습득하였다. 이후 대량 생산을 통해 널리 퍼진 이 조총은 일본 역사 전개에 큰 영향을 미친다.

1600년에는 네덜란드 선박 리프디(Liefde)호가 일본에 표착했다. 이에야스는 이 배에 타고 있던 영국인 윌리엄 아담스와 네덜란드인 얀 요스텐을 에도로 불러 심문을 한 뒤, 이들을 외교 무역 고문으로 위촉하였다. 그리고 그들에게 본국과 무역 알선을 주선하도록 하여 1609년에는 네덜란드, 1613년에는 영국에게 무역 허가를 내준 후, 히라도(平戶島)에 상관을 열어 무역을 시작하였다. 스페인과도 교역을 위해 여러 경로로 접촉을 시도 했다.

당시 조선에도 하멜 등과 같은 서양 사람들이 왔으나, 조선의 대응은 일본과 달랐다. 조선은 일본과 달리 해외에 관심이 없었고, 무역은 상상조차 하지 못했다. 주자학적 가치관이 뚜렷한 조선은 물질적 발전에 관심이 적었다. 중국 외의 지역은 모두 오랑캐였기에 교류는 있을 수 없는 일이었다. 조선은 조선 나름의 가치관과 세계관을 갖고 있었기 때문에 그 본질에 충실했다. 그래서 당시를 평가할 때 단순히 일본은 옳았고, 조선은 어리석었다고 말하는 것은 적절하지 않을 것 같다. 다만 사람의 사고방식 여하가 어떻게 결과를 바꿀 수 있는가에 대해서는 잘 기억해야 할 부분이다.

한편, 유럽 국가 중 초기에 아시아 지역 진출에 적극적인 관심을 보인 나라는 포르투갈과 스페인이었다. 당연히 일본에도 관심이 많았다. 이들 국가는 처음 기독교 전파를 중심으로 활동하였다. 1549년 최초로 일본에 기독교를 소개한 사비에르 선교사도 포르투갈 사람이었다. 해외 교류가 많았던 규슈와 주고쿠 지방 중심으로 신자가 늘어났다. 임진왜란에서 언급되었던 장수 고니시 유키나가도 기독교 신자였다.

규슈 정벌을 나갔다가 기독교가 널리 퍼진 모습을 보게 된 도요토미 히데요시는 1587년 선교사 추방령을 내렸다. 1597년에는 일본 최초로 기독교 순교가 발생하였으며, 1612년에는 에도 막부가 금교령을 내려 기독교를 금지하였다.

에도 막부는 초기에는 서양과 무역을 장려하였다. 그러나 상공업의 발달이 봉건 사회를 무너뜨리는 것을 우려하여, 나중에는 이를 통제하였다. 그래서 1616년부터 서양 상선의 기항지를 히라도(平戶)와 나가사키(長崎)로 제한하였다. 1624년에는 선교에 관심이 많던 스페인 상선의 입항을 금지했다. 상황이 이렇게 되자 네덜란드는 선교 활동을 중단하겠다는 약속을 하여, 그 덕분에 1636년 네덜란드 선박만 나가사키 입항이 허락되었다.

조선의 쇄국이 완전한 교류의 차단이었다면, 일본은 쇄국정책을 시행하면서도 나가사키를 통해 네덜란드와 일정 부분 교역을 지속하였다. 데지마(出島)라고 하는 작은 인공섬을 지정해 제한된 교류를 허용한 것이다. 네덜란드 사람은 이 섬에만 머물러야 했고, 일본인은 출입이 허가된 사람만 들어갈 수 있었다.

네덜란드 선박들에는 들어올 때마다 '풍설서(風說書)'라는 보고서를 제출하게 하였다. 일본의 해외 정보 습득 목적이었다. 이 풍설서를 통해 일본은 청나라와 영국의 아편 전쟁에 대해서도 비교적 소상하게 유럽인의 관점으로 파악할 수 있었다. 조선도 아편 전쟁의 소식을 듣긴 했으나 청나라를 통해서였기 때문에, 그 사건에 대한 관점은 일본과는 정반대의 것이었다.

일본은 쇄국 기간에도 한자로 쓰인 서양 책들을 꾸준하게 수입, 연구하였다. 몇몇 사람들에게는 네덜란드어를 배우게 하여 번역도 했다. 이에 따라 당시 서양 학문을 난학(蘭學)이라고 부르게 되었다(주: '란'은 네덜란드의 한자 표기인 화란의 난이다). 초기에 도입된 분야는 의학이었는데, 1774년 해부서를 번역하여 '해체신서(解體新書)'라는 책을 발간했다. 물리학, 천문학, 지리학 등 실학적 성격의 학문도 이어서 발전하였다.

일본은 쇄국 중에도 무역을 계속하고, 외부 정보를 꾸준히 받아들여 세계가 돌아가는 상황을 파악할 수 있었다. 일본의 근대화가 성공한 또 하나의 이유라 할 수 있을 것 같다. 사회 자체가 상업적으로 활발하기도 했고, 서양의 사정도 소상하게 파악하고 있었던 일본에 비해 조선은 너무 달랐다. 조선도 좋은 나라를 만들기 위해 열심히 노력하였으나 그 방향이 미래의 변화와는 맞지 않았다.

34. 학교에서 배우지 못한 조선통신사 이야기

"조선통신사가 일본에 조선의 선진 문물을 전해주었다." 우리는 과거 학창 시절에 그렇게 배웠다. 통신사가 일본에 가서 우리의 선진 문화를 전해주었다는 선생님 말씀을 듣고 가슴 뿌듯했던 기억이 지금도 눈에 선하다. 그러나 국사 교과서의 그 내용이 총체적 사실일까? 일본은 어떤 생각을 했을까?

백제가 멸망한 후 우리나라와 일본과의 관계는 대부분 시대에 걸쳐 부정적이었다. 그런 중에도 조금은 예외적인 모습이 있었다면 그건 조선통신사가 아니었을까 싶다. 조선과 일본 간에 꽤 많은 사신 교류가 있었는데, 조선에서 보낸 사신들을 대표적으로 통신사라 부른다.

조선의 경우 당시 중국의 명이나 청 같은 나라와는 국제질서의 틀로서 조공 책봉의 관계에 있었다. 이에 따라 사신 교류를 했다. 그런데 일본과는 어떠한 입장으로, 혹은 어떤 이해관계에 따라 사신을 주고받았을까? 이 점에 대해서는 여러 시각이 있다.

 통신사라고 하면 보통 17~18세기 조선 후기 일본에 보낸 사절을 말한다. 그런데 사실 통신사는 고려 때부터 보냈고, 조선 초기에도 사신들을 몇 번 보냈었다. 그 명칭은 회례사, 보빙사, 경차관 등 다양하였다. 정몽주, 신숙주 같은 사람도 사신으로 일본에 갔다 온 적이 있다. 이후 조선 초기 세종 때 발생한 삼포 왜란을 계기로 사절단 파견이 중단되었다. 그리고 한참 시간이 지난 후 도요토미 히데요시 요청으로 통신사를 보냈는데, 그들이 그 유명한 황윤길, 김성일이다.
 도요토미가 사망한 후 정권을 잡은 도쿠가와 이에야스는 조선에 사신 교환을 요청하였다. 임진왜란으로 일본을 원수로 여기던 조선은 그럴 생각이 없었으나, 잡혀간 포로 귀환 문제, 일본 내부 사정 파악 필요성 등의 이유로 결국 일본의 요구에 응하였다. 임진왜란이 끝난 1598년 이후 9년이 지난 1607년 시점이었다. 그때부터 통신사 파견이 12번 있었다. 마지막 12번째 통신사는 대마도까지만 갔기 때문에 실제 에도까지 갔던 통신사는 11번이라고 말할 수 있겠다.

통신사는 정사(正使), 부사(副使), 종사관 등 세 명의 사신과 하인들, 그리고 악공, 화가, 마술 전문가 등 다양한 사람들이 포함되었다. 규모가 적게는 300명대, 많을 때는 500여 명에 이르렀다. 여정은 뱃길과 육로를 포함, 왕복에 5개월 내지 1년이 걸렸다. 바다에서 배 사고로 희생된 사람들도 적지 않았다. 그 많은 수의 인원이 긴 기간을 움직여야 했기 때문에 비용도 상당히 많이 들었다. 특히 통신사가 지나가는 길목의 일본 지방 수령들은 그들을 접대해야 할 의무가 있었기 때문에 부담이 컸다고 한다.

통신사에 대해 흔히 우리나라에서는 우리 선진 문화와 기술을 전수해 주는 목적이었다고 얘기한다. 또한 통신사들이 우수한 유학 지식을 바탕으로 일본에 한 수 가르쳐 주고, 시문을 전해 그들의 존경을 받았다고 말한다. 그 내용들이 모두 사실이겠지만 우리가 아는 사실은 어쩌면 부분적 사실인지도 모른다.

일본은 과연 어떻게 생각했을까? 일본은 통신사에 대해 다른 얘기를 하는 경우가 더 많다. 심지어 일본 극우는 통신사를 조공 사절이었다고까지 주장한다. 하지만 일본은 조선과 책봉 관계에 있지 않았고, 통신사 재개가 일본 측의 요청으로 이루어진 점, 여비도 대부분 일본이 부담한 점 등으로 볼 때 조공 사절은 말이 되지 않는 주장이라고 할 수 있다. 그 밖에도 통신사의 역할과 위상을 폄훼하는 주장이 일본 내에는 다수 존재한다.

통신사에 대한 일본 측의 그러한 평가에 동의할 수 없다. 하지만 당시 조선 사람들이 일본에 대해 가진 자세, 그리고 오늘날 통신사를 바라보는 우리의 시선에 대해서는 비판적 관점으로 볼 부분이 분명히 있어 보인다.

임진왜란 직후 조선은 사신을 보내 조선 포로들 송환을 추진하였다. 그런데 3만여 명으로 추산되는 포로 중 돌아온 사람은 수천 명에 불과했다. 포로 송환을 위해 일본에 갔던 이경직이라는 사람이 쓴 '부상록'을 보면, "일본의 경제 사정이 조선보다 좋아서 돌아오지 않겠다는 사람들이 있었다" 라고 적고 있다. 또한 통신사로 가서 고구마를 들여온 조엄도 일본 건축의 정교함을 칭찬하고, 일본에서 사용하는 수차에 대해 큰 관심을 보였다. 이 외에 길거리에서 본 일본 사람들의 복식을 보고 쓴 글도 있다. 여러 가지 기록을 종합해 볼 때, 당시 통신사들은 에도가 큰 도시였고, 문물이 발달하였으며, 경제적으로 조선보다 앞서 있었다는 사실을 눈으로 확인할 수 있었다.

그런데 이처럼 많은 사람이 일본을 보고 왔으면서도 일본으로부터 무엇을 배울지에 대한 논의는 활발하지 못했다. 청나라의 경우는 다녀온 후 그들을 배워야 한다고 주장한 북학파가 일부 있었으나, 일본에 대해서는 배워야 한다는 목소리가 없었다.

우리의 인식은 통신사가 일본에 선진 문물을 전해주었고, 그들의 존경을 받았다는 정도의 수준에 머물고 있다. 그러면서 약간의 우월감을 느낀다. 그래서 우리가 얻은 것은 무엇인가? 조선 사람들은 주자학을 신봉하던 사람들이라 물질을 그다지 중요시하지 않았고, 일본의 발전된 모습을 보고도 애써 외면했을지 모른다. 더군다나 오랑캐라고 여기던 일본인데 뭔가 배워야 한다고 말하기가 어려웠을 것이다.

조선시대 우리 조상들은 주자학 가치관을 가지고 살았으니 그렇다고 치자. 그러나 지금의 우리는 다르다. 실질을 중시한다. 통신사가 일본에 뭔가를 가르쳐 주었다는 사실을 두고 우월감만을 느끼는 데 머무는 것은 온당치 않다. 그 당시 일본으로부터 배울 수 있었던 그 무엇을 배우지 못한 점에 대해 비판적으로 보아야 할 것이다. 그렇게 가르쳐야 할 일이다. 일본이 밉다고 해서 배울 점이 있음에도 배우지 않겠다고 해서야 되겠는가?

조선통신사 행렬도

35. 우리가 몰랐던 일본 근대화 성공 배경

 믿기 힘들게도 에도 시대의 일본은 조선보다 많이 앞서 있었다. 정보 유통의 발전으로 이미 출판 대국 반열에 올라섰고, 문맹률이 아닌 문해율이 80%에 이를 정도로 세계 최고 수준을 자랑했다. 일본은 일찌감치 선진국으로 가는 급행열차를 타고 있던 셈이었다. 나는 이런 사실을 이번에 처음 알았다.

조선은 1876년 운요호 사건을 계기로 강화도 조약을 맺고 개항하였다. 반면 일본은 이보다 22년 전인 1854년 미국의 페리 제독에 의해 개항하게 되었다. 개항 이후 일본은 근대화에 성공하여 우리나라를 식민지로 만들었다. 어떻게 22년이라는 시간이 그렇게 큰 차이를 만들었단 말인가?

이러한 질문은 하나의 암묵적 전제가 깔려 있다. 즉 개항 전의 조선과 일본이 비슷했을 것이라는 가정이다. 아니 비슷하기는커녕 오히려 조선이 일본보다 더 앞서 있었을 것으로 생각하는 사람들도 꽤 있을 것이다. 이러한 입장으로 보면 선뜻 이해가 가지 않을 수 있다. 우리가 그런 이미지를 갖도록 주입식 학교 교육을 받아왔기 때문이다. 그런데 사실은 좀 다르다. 개항 전에 이미 조선과 일본의 경제 상황은 커다란 차이가 있었다. 에도의 경제가 그동안 상당 부분 자본주의적 발전을 해 왔다.

앞서 참근교대제에 관한 내용을 이야기할 때, 그 제도가 뜻하지 않게 일본의 물류, 화폐 경제 등을 발전시키는 결과를 가져왔다고 설명한 바 있다. 주자학의 영향이 적었던 일본에서는 각 지방을 다스리던 다이묘들을 중심으로 매우 실용적인 발전을 추구하였다. 서양 사정에 대해서도 비교적 잘 알고 있었고, 부분적이지만 그들의 문명을 배우려는 노력도 꾸준히 해 왔다. 에도 시대는 도시의 발전, 생산력의 증대, 경제 시스템의 구축 등에 있어서, 이전의 막부 시대와는 질적으로 달랐다. 그래서 에도 시대를 중세가 아닌 '근세'로 시대 구분을 달리하는 것이다.

특히 흥미로운 점은 에도 시대 정보 유통의 발전이다. 정보 유통의 경우 당시 조선에서는 상상할 수 없던 일들이 일본에서 일어났다. 17세기에 이미 출판업자가 200여 군데 있었으며, 18세기 중반에는 연간 1,000여 종의 신간이 출간되었다. 19세기 초 정도에는 거의 모든 국민이 책을 일상생활에서 접할 정도로 출판 대국이 된 것이다. 이러다 보니 근대 서구의 법 시스템이 들어오기 전부터 출판에 대한 배타적 권리가 인정되었고, 책 대여업도 성행했다. 당시 책의 가격은 고가였기 때문에 에도에만 200여 곳의 대여점이 있었다고 한다.

또한 신문과 광고도 성행했는데, 현재 일본에서 가장 규모가 큰 일간지인 요미우리 신문은 그 뿌리가 에도 시절로 거슬러 올라간다. 지금까지 남아 있는 가장 오래된 요미우리는 1615년 오사카 전투 사건을 전한 '대판안부지합전지도(大阪安部之合戰地圖)'이다. 인쇄물의 유통과 함께 광고도 등장하였다. 1683년 '에치코야'라는 포목점의 광고가 그 시초라고 한다.

일본은 일찌감치 서양에 대한 정보가 유입되었다. 이에 따라 서양의 책과 자료들을 번역하는 활동이 늘었다. 교육도 광범위하게 이루어져 문해율이 80%로 동시대 유럽 국가들보다 더 높았다.

이처럼 일본은 개항하기 전부터 근대화를 위한 토대가 상당 부분 갖추어져 있었다. 단순히 22년 빠른 개항만이 근대화의 성공 요인이 아니라는 의미다. 그러한 사실을 우리는 잘 모르고 자랐다. 학교에서는 가르쳐주지 않기 때문이다.

5장

근대

사요나라 사무라이!
메이지 유신

세계 무대로의 등장
잠깐만! 근대 시대 한눈에 훑어보기
메이지(明治) 유신을 전후한 10가지 굵직한 사건
근대 역사를 쌍끌이한 조슈(長州)번과 사쓰마(薩摩)번
메이지 유신으로 권력의 중심에 선 천황
메이지 유신 비틀어 보기
메이지 유신 주요 인물 12인 신상명세서
이토 히로부미는 영웅인가? 원흉인가?
서구 열강과 일본의 막전 막후 수싸움
조선 개화기 34년과 일본
만주국 이야기
태평양 전쟁: 일본의 몰락

36. 세계 무대로의 등장

 일본은 근대 들어 본격적으로 세계 무대에 등장한다. 서양을 향해 교역의 문을 열면서 새로운 세계를 향한 꿈을 꾸기 시작하였다. 내부적으로도 700년 지속된 막부 체제의 종말에 대한 기운이 싹트며 큰 변화를 예고했다. 그렇게 근대가 서서히 다가오고 있었다.

에도 막부가 시작된 이래 200여 년 평화가 지속되고, 경제적으로도 융성하였다. 봉건 체제를 강화하기 위해 취했던 여러 제도가 의도하지 않은 결과를 낳아, 뜻밖에 상업이 발달하고, 조닌 계층이라는 새로운 신분의 등장을 가져왔다. 평화로운 상황이 길어지자, 사무라이의 존재 의미가 퇴색해 가면서 사회 변화가 시작되었다. 쌀이라는 현물을 중심으로 돌아가던 경제 체제에서 화폐 사용이 활성화되는가 하면, 서남 지방의 번들이 성장, 자기 목소리를 내기 시작했다.

일본 내부의 변화와 함께 외부 세력과도 꾸준한 접촉이 이어졌다. 일본에 처음 온 서양 국가는 포르투갈이었다. 포르투갈인들은 일본에 화승총을 전해주어 역사를 바꾸게 했다. 기독교도 전파하였다.

그러나 기독교 전파를 문제시한 에도 막부는 포르투갈인들을 몰아내었고, "기독교 선교를 하지 않겠다."라고 다짐한 네덜란드인들과는 교역을 계속하였다. 나가사키의 데지마(出島)라고 하는 작은 섬에 한정해서 네덜란드인이 머물며 교역하도록 한 것이다. 이에 따라 일본에서는 네덜란드 학문이라는 의미의 '난학(蘭學)'이 발전하였다. 난학을 통해서 일본인들은 의학, 자연과학 등의 지식을 얻었다.

일본도 조선과 같은 쇄국정책을 취했으나, 나가사키를 통해 서양 지식과 정보를 받아들이는 통로를 갖고 있었다. 예컨대 1842년 아편전쟁으로 청나라가 영국에 당하는 사건들을 비교적 소상하게 파악함으로써, 서양 세력에 대한 이해 및 경계감을 개항 전부터 가졌다.

일본이 개항하고 본격적으로 외부 세계와 교류를 시작

하게 된 것은 1854년 페리 제독과 맺은 미일 화친 조약부터이다. 이후 1858년 미일 수호 통상 조약을 맺고, 네덜란드, 프랑스, 러시아, 영국과도 차례대로 통상 조약을 체결하였다. 그렇게 일본은 세계 무대에 등장, 새로운 도전을 시작한 것이다.

 일본의 근대화는 대단히 역동적 과정을 거쳤다. 우리나라와도 밀접한 관계에 있어 그 과정이 매우 흥미롭다. 1854년 개항을 하고 새로운 시대를 맞이한 일본은 당시 세 가지 과제를 가지고 있었던 것으로 보인다.
 1) 200여 년 지속되어 온 막부 체제가 미래에도 적합한 정치체제인가, 아니면 극복해야 하는가?
 2) 그러면 새로운 체제는 어떤 모습이어야 하는가? 과거를 얼마만큼 담고, 얼마만큼 새로운 것을 포함해야 하는가?
 3) 그 새로운 체제는 어떤 방향으로 나아가야 하는가?

 이번 5장에서는 이러한 과제를 앞에 두고 당시 일본인들이 어떻게 미래를 열어 갔는지 살펴보도록 하자.

37. 잠깐만!
근대 시대 한눈에 훑어보기

 이런 드라마틱한 일들이 또 있을까. 근대 일본은 격동 그 자체였다. 개항, 막부 붕괴, 헌법제정, 러일전쟁, 한일합방, 태평양전쟁 등 엄청난 사건들이 100년 사이 계속 이어졌다. 근대는 제국주의를 꿈꾸는 일본의 도전기였다.

일본의 근대 역사 전개에 대해 자세히 살펴보기 전에 처음 개항 이후 일어난 주요한 역사적 사건과 그 의미를 먼저 간단하게 정리해 보자.

· **1854년 미일 화친 조약:** 개항

　↕ 막부 체제 타도의 시기

· **1868년 메이지 원년:** 막부 체제를 무너뜨리고
　　　　　　　　　　천황 중심 정부 수립

┠── 메이지 체제 수립의 시기

· **1889년 메이지 헌법 발표:** 제국 헌법 성립

┠── 대외적 자신감 획득의 시기

· **1905년 러일전쟁:** 대외 확장으로 국가 방향 잡기

┠── 조심스러운 대외 팽창 시기

· **1931년 만주사변:** 군부의 독단적 폭주

┠── 군부 폭주의 시기

· **1945년 태평양전쟁 종결:** 근대의 종말

위와 같은 시간의 흐름 속에 앞 주제에서 제시한 일본의 세 가지 과제 즉 1) 막부 중심 체제 극복 2) 새로운 체제 수립 3) 국가의 방향성 정립, 이런 것들이 어떻게 진행되었는지 살펴보도록 하자.

막부 체제 타도의 시기(1854년~1868년)

일본이 비록 쇄국정책을 썼다고 하지만 부분적으로 서구와 교류를 지속하였고, 나가사키를 통해 대외 정보도 꾸준히 받아왔다. 그래서 외부 세계의 실상을 정확히 파악함으로써 변화의 필요성에 대한 공감대가 널리 퍼져 있었다.

이는 조선과 크게 다른 상황이었다. 당시 조선은 외부 세계에 대한 이해가 충분치 않았다. 주자학적 질서와 왕 중심의 국가 경영이 최선이라고 믿는 사람들 때문에, 개항하고 나서도 변화에 저항하던 중이었다.

다만 당시 일본에는 변화의 주체가 누구여야 하는가에 대해서는 이견이 많았다. 실권을 잡고 있던 막부도 변화의 필요성 자체는 인지하고 있으면서도, 자신들이 변화의 주체가 되어야 한다고 생각했다. 그러나 변방에서 힘을 가지고 있던 조슈번(長州藩)이나 사쓰마번(薩摩藩) 같은 웅번(雄藩) 사람들의 생각은 달랐다. 그들은 막부는 이미 옛 체제이니 이제는 천황 중심의 새로운 체제가 필요하다고 여겼다. 에도 시대 말기 유행했던 존왕양이(尊王攘夷)를 가르친 미토학(水戶學)의 영향도 커서 그들은 천황을 앞에 내세우고 막부에 대항하였다.

조슈는 지금의 야마구치현 지역이고, 사쓰마는 가고시마현 지역이다. 모두 에도에서 멀리 떨어져 있었기 때문에 옛날부터 외부 세계와 활발한 교류를 통해 힘을 키워왔던 곳이다. 이 두 번(藩)은 서로 경쟁자로 의식하고 대립하는 관계였다. 그러다가 사카모토 료마(坂本龍馬)의 주선으로 두 번이 동맹을 맺게 되고 정국을 주도하게 된다.

이러한 노력의 결과 마침내 1867년 대정봉환(大政奉還)이 이루어졌다. 대정봉환이란 막부가 천황에게 권력을 반환한다는 내용이다. 그 후에도 천황 조정과 막부 사이의 갈등은 끊이지 않아 보신 전쟁(戊辰戰爭)이 벌어졌는데 이때 천황 측이 승리함으로써 1868년 메이지 시대가 시작되었다.

메이지 체제 수립의 시기(1868년~1889년)

1868년 메이지 천황이 권력을 잡으면서 새로운 시대가 시작되었다. 그러나 사람은 바뀌었어도 국가 경영 방식은 크게 달라지지 않았다. 고대 율령 체제를 모방한 정부 조직을 쓰다가 내각제를 도입했지만, 근대 국가에 필요한 헌법, 의회 등의 제도는 갖고 있지 못했다. 이미 일각에서는 의회를 만들어야 한다는 주장이 나오던 중이었다. 그리고 그 의회에서 헌법을 만들어야 한다고 주장했다. 당시 메이지 정부를 이끌던 사람들은 막부를 무너뜨린 주역인 조슈와 사쓰마 사람들이었는데, 의회 필요성을 주장하던 사람들은 그 외 지역 출신들의 재야 인사들이었다.

정권을 담당하던 사람들도 의회 설립을 통한 헌법제정

의 요구에 응할 수밖에 없었다. 하지만 그들은 변화의 주도권을 계속 잡기 위해 1882년 이토 히로부미를 독일로 보내 헌법을 연구하도록 하였다. 이토는 독일에서 돌아와 헌법을 만들기 시작하였고, 1889년 처음 발표하였다. 이를 일본 제국 헌법이라고 한다.

일본 제국 헌법은 천황이 만들어 내각에 내려주는 형식을 취했다. 주권은 천황에게 있는 것이라고 규정하였기 때문에, 주권자인 천황이 신민인 국민에게 하사하는 방식이었다. 이를 흠정 헌법이라 한다. 헌법에 따라 내각이 행정을 담당하되, 의회와는 독립적으로 운영되었다. 의회는 예산 심의권만을 가졌다. 총리의 실질적 선택은 원로들이 하였고, 군대는 천황 직속이라 내각이 지시할 권한이 없었다.

의회를 만들자고 주장하던 재야 사람들은 프랑스식이나 영국식 제도를 모범으로 삼았으나, 정권을 잡고 있던 조슈 세력들은 황제를 중심으로 하는 독일식 제도를 채택하였다. 당시 소국에서 대국으로 성장하여 1871년 제국이 된 프로이센을 모델로 삼은 것이다.

대외적 자신감 획득의 시기(1889년~1905년)

1889년 제국 헌법이 발표된 후 일본은 나름의 헌법 체제를 갖고 국정을 운영하였다. 그 기간 국내적으로는, 헌법기관으로 설치된 의회에서 민당(民黨)이라고 불리던 야당들이 다수 의석을 차지, 주로 예산 삭감을 주장하였다. 이에 반해 내각은 청나라에 이어 러시아와의 대결이 예상되는 상황이라 군비 증강을 위해 예산을 증액해야 한다고 주장하여 끊임없이 갈등의 시간을 보냈다. 내각 총리는 이토 히로부미(伊藤博文)와 야마가타 아리토모(山縣有朋) 같은 조슈 출신 사람들이 번갈아 맡았다.

　대외적으로는 청나라와 1894년 전쟁을 벌여 승리했다. 만주와 한반도를 대상으로 러시아와도 경쟁을 벌였다. 러시아가 시베리아 철도를 부설하는 등 아시아에 진출하자, 전 세계적으로 러시아와 대립하던 영국이 일본에 접근했다. 그리고 불평등 조약을 개정해 주는 등 시혜를 베풀었다. 그 영향으로 1902년 영일 동맹을 맺었다.

　일본은 이 영일 동맹을 뒷배경으로 마침내 1905년 러시아와 일전을 벌인다. 전쟁은 어느 한쪽이 이겼다고 할 수 없는 상태에서 미국의 주선으로 휴전하였다. 일본은 세계적 대국 러시아와 상대해서 지지 않았다는 사실에 매우 고무되었으며, 대외 진출을 더욱 적극적으로 모색하는 계기가 되었다.

조심스러운 대외 팽창의 시기(1905년~1931년)

러시아를 물리치고, 영국과는 동맹을 맺고, 미국과는 태프트 가쓰라 밀약을 맺었다. 이제 적어도 동아시아에서는 앞을 가로막을 세력이 없었다. 이에 1905년 조선을 보호국으로 만들었고, 5년 후에는 완전히 식민지화하였다.

일본은 한반도를 식민지화한 이후에도 끊임없이 팽창 노력을 지속하였다. 만주에 철도를 부설하고, 관동군(關東軍)이라는 부대를 두어 대륙 진출의 첨병으로 삼았다. 관동군은 천황 직속이어서 내각은 물론 대본영과도 별개로 움직였다. 본국의 정치 군사 지도자들과 별도로 자체적인 정세 판단과 행동을 하여 청나라 마지막 황제 부의를 왕으로 추대하여 만주국(滿州國)을 세웠다.

관동군이 독자적으로 행동하자 본국의 내각에서는 이를 반대하며 중지하라고 명령했다. 하지만 관동군은 계속 무시하여, 결국 본국 정부도 사후 승인을 하게 된다. 이러한 폭거로 제1차대전 후 설립되었던 국제 연맹 등으로부터 비난을 받기에 이르자 일본은 국제 연맹을 탈퇴, 국제사회에서 고립되었다. 그리고 자연스럽게 당시 비슷한 입장이던 독일과 가까워졌다.

군부 폭주의 시기(1931년~1945년)

만주사변과 그 이후의 상황 전개로 일본의 길은 이미 정해져 버린 건지도 모른다. 돌아올 수 없는 강을 건넌 것이다. 1937년 중일 전쟁까지 일으킴으로써 그동안 일본의 폭거에 반대와 중지를 지속 요구하던 미국과도 결국 전쟁을 벌일 수밖에 없는 상황이 되어 버린 것이다.

일본도 미국과의 전쟁에 대해 처음에는 매우 조심스럽게 접근했다. 확실히 이긴다는 자신감도 없는 상태였다. 그러나 이미 중국 등지에서 너무 나가버려 이제 뒤로 돌아가기에는 늦은 상황이었다. 단기적 국면 타개를 위해서라도 미국과의 한판 전쟁을 불사할 수밖에 없는 상황이었다. 특히 당시 독일이 승승장구하던 시기였기 때문에 전쟁이 일어나면 미국은 유럽과 태평양에서 동시에 전쟁을 치러야 하는 약점을 가지고 있었다. 그래서 일본이 적당한 우위를 점한 후 휴전으로 끝낼 수도 있을 것으로 기대했다는 설도 있다.

어찌 되었든 일본은 1942년 진주만 폭격을 시작으로 미국과의 전쟁에 들어갔다. 그 순간 한 시대의 마무리는 결정된 것이나 다름없었다. 떠오르고 있던 미국과의 전쟁은 패망의 예약이었다. 조선 역시 해방의 길이 열린 셈이었다. 전쟁이 시작될 당시 그렇게 생각한 사람은 많지 않았겠지만….

38. 메이지(明治) 유신을 전후한 10가지 굵직한 사건

 우연도 겹치면 필연이다. 메이지 유신은 어느 날 우연히 찾아온 게 아니다. 운이 좋아 평화를 누렸던 에도 시대의 끝에 변화의 바람이 불면서, 20여 년 동안 이어진 굵직한 사건들의 결과다. 메이지 유신을 전후하여 어떤 스펙터클한 일들이 벌어졌을까?

일본 역사를 이야기할 때 메이지 유신은 빼놓을 수 없는 핵심 내용이다. 그래서 우리에게도 매우 익숙한 역사적 사실이다. 하지만 워낙 많은 사건이 한꺼번에 일어나서 요약 설명이 쉽지 않다. 이번 글에서는 메이지 유신이 시작된 후 벌어진 역사적 사건들을 시간 순서로 간략하게 정리해 본다. 내용이 어렵다면 용어 정도만 이해해도 좋겠다.

메이지 유신의 핵심은 크게 두 가지다. 하나는 권력이

쇼군에서 천황에게로 넘어간 것이고, 또 하나는 국가 시스템이 서양식의 근대적인 제도로 바뀐 것이다. 이러한 내용은 언뜻 보면 정치적인 체제 변화에 관한 것들이지만, 사실 그 밑바탕에는 근대적 생산력의 발전이 깔려있다고 봐야 한다.

 조선의 경우를 보면 그렇다. 조선도 개혁을 위해 대한제국을 선포했지만, 일본과 달리 실질적 변화를 가져오지 못했다. 그 이유 중 하나는 사회 저변의 경제력이 뒷받침되지 않은 상태에서의 단순한 선언에 불과했기 때문이라고 볼 수 있다.
 다만, 여기서는 이야기의 단순화를 위해 정치적인 사건만 다루도록 하겠다.
 권력이 천황에게 넘어간 주요 사건은 1867년의 대정봉환이었고, 국가 시스템 개편을 가져온 주요 사건은 1889년의 메이지 헌법의 시행이라 할 수 있다. 그리고 이 두 사건 사이의 20여 년 동안에 많은 일들이 있었는데 정리해 보면 대략 다음과 같다.

대정봉환(大政奉還, 1867)

에도 막부 쇼군이던 도쿠가와 요시노부(德川慶喜)가 권력을 천황에게 넘긴다고 스스로 선언하였다. 그러나 그는 새로운 정부에서도 실권을 행사할 생각을 가지고 있었다. 700년 만에 정치권력이 천황에게 넘어온 매우 중요한 사건이다.

보신(戊辰) 전쟁(1868-1869)

대정봉환으로 정치권력이 천황에게 넘어왔으나, 막부는 여전히 강한 세력을 유지하고 있었다. 이에 막부 세력을 완전히 몰아내기 위해 반막부파인 조슈번과 사쓰마번이 들고 일어나 '왕정복고 대호령'을 발표하였는데, 막부 타도를 위해서는 한판 대결을 피할 수 없는 상황이 되었다. 여러 번이 이합집산을 하며 전쟁은 이어졌고, 결국 막부는 에도 성문을 열고 항복하였다.

유신 정부(維新政府, 1868)

대정봉환 후 유신 정부를 발족하였고, 천황은 거처를 에도로 옮겼으며, 도시 이름도 현재의 도쿄로 바꿨다.

판적봉환(版籍奉還, 1869)

권력뿐만 아니라, 생산의 근본인 땅을 천황의 정부에 되돌려 준다는 의미이다.

폐번치현(廢藩置縣, 1871)

에도시대의 지방은 '번'으로 구성되어 있었다. 그 번은 다이묘가 독자적으로 지배했다. 이러한 번을 폐지하고, 중앙 정부에서 관리를 파견하는 '현'을 설치한다는 내용이다.

징병령(1873)

무력을 국가가 독점적으로 갖기 위해 일반 국민을 대상으로 군인을 모집하는 제도를 도입하였다.

세이난(西南) 전쟁(1877)

사회 체제가 변하자 봉건 시대에 안정된 지위를 누리던 계급의 불만이 생기게 되었다. 그 불만이 터져 나와 전쟁이 일어났다. 그때 유신 주역 중 한 사람이었던 사이고 다카모리가 반란군 측에 섰다가 자결하였다.

메이지(明治) 14년 정변(1881)

메이지 정부 들어 입헌정치 도입 필요성이 대두되면서 점진적 도입을 주장하는 세력과 빠른 도입을 요구하는 세력의 대립이 있었는데, 홋카이도 개척사 재정문제를 계기로 정변이 일어났다. 그 결과 헌법 제정이 가속화되었고, 정치세력이 재편되었다.

헌법 연구(1882-1889)

이토 히로부미는 1882년 유럽으로 건너가 독일 헌법을 연구하였다. 그리고 1886부터 프로이센식 군국주의 헌법을 모델로 헌법 초안 작성을 시작하였고, 추밀원에서 최종 검토 후 확정되었다.

메이지 헌법 시행(1889)

천황이 헌법을 내려 주는 형식으로 일본제국 헌법을 채택하였다.

39. 근대 역사를 쌍끌이한 조슈(長州)번과 사쓰마(薩摩)번

 근대 역사에서 일본을 이끌어 온 두 지역이 있었다. 바로 조슈번과 사쓰마번이다. 근대는 이 지방 출신들이 역사를 이끌어 왔다고 해도 과언이 아니다. 일본 총리 등 전후 정치 지도자를 가장 많이 배출한 두 번(藩)! 무엇이 같고 다를까?

조슈번은 오늘날의 야마구치(山口)현으로 혼슈섬의 서쪽 끝에 위치하여 한반도와도 가까이 있다. 사쓰마번은 오늘날의 가고시마(鹿兒島)현으로 규슈섬 남쪽 끝에 위치하여 전통적으로 대외 교류를 활발히 해 왔다.

조슈번은 세키가하라 전투 당시 명목상이나마 서군의 총지휘관이었던 모리 가문이 다스린 곳이다. 에도 시대 전국 4, 5위안에 드는 경제력과 군사력이 강한 지역이었다. 조슈번은 조선과도 가까워서 그 영향으로 사무라이들이 학문을 중시하여 유학이 성했다. 국제 관계에 대해서도 민감했다. 다이묘였던 모리 가문에서도 학식을 갖춘 인물이 많았다고 할 수 있다. 당시 이렇게 학식과 교양을 갖춘 번은 많지 않았다.

사쓰마번의 다이묘였던 시마즈(島津) 가문 역시 세키가하라 전투에서 도요토미 측인 서군에 속해 싸움에서 패했다. 그러나 도쿠가와는 도자마의 다이묘로 가문을 계승하도록 해 주었다. 일본 열도의 끄트머리 위치였던 사쓰마번은 대외 진출에 적극적이어서 류큐를 정벌하기도 하였고, 서양 세력이 진출해 온 후에는 네덜란드 등과 교역을 활발하게 추진하였다.

조슈번과 사쓰마번은 그 특성이 매우 판이했다. 조슈번은 전통과 명분을 중시했고, 사쓰마번은 현실적이고 개방적이었다. 에도 막부가 개항을 추진할 때 사쓰마번은 개국 노선을 지지하였으나, 조슈는 서양을 배척하는 '양이론'의 입장을 견지하였다.

이러한 노선의 차이로 일본을 대표하던 두 번(藩)은 적대적 관계였고, 갈등이 이어져 정국을 혼란에 빠뜨렸다. 계속되는 혼란을 극복하기 위해 두 번의 지도자들은 대화에 나섰는데, 사카모토 료마 등과 같은 인물들의 주선으로 나중에 동맹(삿초 동맹)을 맺게 된다.

 삿초 동맹 이후 두 번(藩)의 인물들이 일본 역사를 이끌었다. 특히 조슈번의 인물들은 일본 육군을 키우는 데 큰 역할을 하였고, 사쓰마번 사람들은 해군의 중심이 되었다. 일본 근대 역사에서 육군과 해군이 노선 갈등을 자주 보였는데, 그 배경에는 이와 같은 뿌리의 차이가 있다고 하겠다.
 특히 조슈번은 오늘에 이르기까지 일본 역사를 주도하고 있다. 전후에도 다수의 일본 수상이 조슈번 출신인데, 아베 수상이 그 대표적 인물이다. 우리나라 사람들이 많이 아는 이토 히로부미도 조슈 사람이다.

40. 메이지 유신으로 권력의 중심에 선 천황

 천황은 천 년 넘는 세월 동안 일본의 상징으로 존재했다. 그러나 지금처럼 국가의 중심이 된 건 그리 오래된 일이 아니다. 근대 메이지 유신 헌법을 통해 비로소 절대적 지위를 가지게 되었다. 일본 헌법은 천황에 대해 어떻게 규정하고 있을까?

일본 천황 체제는 천년이 넘도록 이어져 왔다. 하지만 천황의 실질적 지위, 역할은 시대 상황에 따라 바뀌었다. 특히 700여 년 동안 이어져 온 막부 시절의 천황은 아무런 실권이 없었다. 일반 국민은 그 존재마저 인식하지 못했을 정도였다고 한다. 그랬던 천황이 국가의 중심이 된 것은 메이지 유신을 통해 국가 체제를 정비하면서 천황에게 절대적 지위를 부여했기 때문이다.

천황이 국가의 중심이 된 건 그리 오래된 일이 아니다.

막부가 개항을 결정하고 사회 변화를 추진할 때, 이에 반대하던 조슈번 등의 세력들이 '존왕양이(尊王攘夷)'의 주장을 하면서부터라고 생각된다. 존왕양이는 '천황을 중심으로 받들고 외적을 배척한다'라는 뜻이다. 즉 막부를 타도하고, 막부의 정책에 반대한다는 의미이다.

훗날 막부를 몰아내고 실권을 잡은 조슈번, 사쓰마번 사람들 중심의 유신파는 외적을 배척한다는 '양이'에 대한 입장은 바꿨지만, 천황을 중심으로 한다는 '존왕'은 유지했다. 당시 세계를 지배하던 유럽 제국주의 국가들 대부분이 왕정 체제였던 상황이었기 때문에 자연스럽게 그러한 선택을 한 것으로 보인다.

천황의 위치가 더욱 공고해진 것은 메이지 유신 헌법 때문이었다고 할 수 있다. 메이지 헌법은 1868년 유신 정부가 성립된 후 20여 년이 지난 1889년 반포되었다. 이토 히로부미 주도로 독일의 국가 체제를 참고하여 만든 헌법이었다. 당시 의회를 중심으로 하는 영국식 입헌 군주제를 주장하는 사람들도 있었으나, 조슈 출신 권력 중심의 사람들은 절대 왕권을 기본으로 하는 독일식 헌법을 선택하였다.

메이지 헌법은 천황이 제정하고, 국민에게 하사하는 형식을 취했다. 이 헌법에 따르면 주권은 천황에게 있었다. 헌법에 입법, 행정, 사법의 3권은 나누어져 있었지만, 천황은 통치권의 총수로서 모두를 천황 아래에 두었다. 군대의 최고 지휘권인 통수권도 내각이 아니라 그 자체로 독립해서 천황 아래에 부속시켰다. 이러한 구조로 인해 일본 군대는 내각의 제어를 받지 않은 채 망동을 벌여 결과적으로 어두운 역사를 만들게 된다.

메이지 헌법이 이와 같은 형식이었기 때문에 제2차 대전이 끝난 후 전쟁 책임을 논의할 때 당연히 그 핵심 책임자는 천황이어야 했다. 그러나 이런저런 사유로 천황은 책임에서 벗어나 여전히 자리를 지키고 있다.

현재 일본 헌법을 살펴보면, 천황에 대해서는 제1조에서 규정하고 있는데, 그 내용은 다음과 같다.

『천황은 일본국의 상징이자 일본 국민 통합의 상징이며, 이 지위는 주권이 존재하는 일본 국민의 총의에 근거한다.』

천황은 절대적 상징이고, 주권은 국민에게 있다고 현행 헌법에 명시되어 있는 것이다.

41. 메이지 유신 비틀어 보기

 메이지 유신에 대해 이야기하면 마음이 복잡해진다. 일본이 자랑스럽게 선전하는 메이지 유신이 진행될 당시 조선은 무엇을 하고 있었던가. 우리 역사를 부끄러워할 일은 아니지만, 그래도 마음이 편치 않은 까닭은 무엇일까. 다음은 당시 역사 상황에 대한 저자의 개인적 견해다.

일본의 메이지 유신에 대한 통상적 견해와 달리 개인적인 관점에서 한 번 살펴보겠다. 흔히들 일본은 메이지 유신을 통해 근대화에 성공했고, 조선은 그러지 못해 식민지가 되어 버렸다고 말한다. 그런데 이 말 속에는 "메이지 유신은 잘한 일이다.", "조선은 잘못했다."라는 의미가 내포되어 있다. 과연 그럴까? 엄밀히 살펴보면 그렇지 않다고 본다. 왜 그런지 같이 생각해 보자.

메이지 유신은 과연 잘한 일인가?

"일본은 메이지 유신으로 근대화를 이룰 수 있었다. 따라서 그 일을 추진한 사람들은 훌륭하다."

일본은 이렇게 국민에게 가르치고 있다. 외부 세계에도 그렇게 선전하고 있다. 그래서 우리 또한 일반적으로 그렇게 알고 있다.

일본은 여타 아시아 국가들과 달리 빠른 시간에 근대화를 이뤘다. 맞다. 메이지 유신이 이 변화의 시작이었다는 점을 전적으로 부인하긴 힘들다. 하지만 일본 역사를 조금 깊이 들여다보면 이를 그대로 받아들이기엔 좀 불편한 부분이 존재한다. 그 몇 가지 사실을 정리해 보자.

①…일본은 미국 흑선이 나타나서 갑자기 문호를 개방했는가?

우리는 일본이 어느 날 페리 제독이 이끄는 흑선이 나타나자 이에 놀라 개항을 한 것처럼 알고 있다. 그러나 미국 선박들은 그전에도 네 번 나가사키에 들어왔었다. 물론 그들이 교역할 의사가 있다는 사실도 일본 막부는 알고 있었다. 심지어는 페리 제독의 배들이 올 것이라는 사실조차 미리 알았다는 주장도 있다.

앞에서도 언급한 것처럼, 에도 막부는 해외 사정을 비교적 정확하고 소상하게 알고 있었다. 그런데 이렇게 갑자기 놀라서 개항했다는 식으로 교육하는 것은 메이지 유신의 극적 효과를 높이고자 하는 의도가 아닌가 생각된다.

②...에도 막부는 타도 해야만 했는가?

메이지 유신은 여러 가지 성격이 섞여 있는데, 그 중 첫 번째는 막부 타도였다. 막부를 타도하는 것이 정당성을 갖기 위해서는 막부가 변화를 거부하는 수구적인 세력이거나, 아니면 변화를 추진할 능력이 없거나 하여야 했다. 그러나 에도 막부는 둘 다 아니었다.

에도 막부 타도를 주장한 사람들은 처음에 에도 막부가 미국과 화친 조약을 맺었다는 사실을 들어 공격했다. 그들은 존왕양이(천황을 받들고, 외국 오랑캐를 배척한다)를 주장했는데, 막부가 양이를 하지 않았다고 공격한 것이다. 그러나 에도 막부는 해외 사정에 밝아 개항할 수밖에 없고, 변화해야 한다는 사실을 잘 알고 있었다. 그리고 에도의 관료들은 우수한 행정력을 가지고 있었으며, 오히려 유신 세력보다 자질이 더 뛰어났다고 한다.

메이지 유신을 주도한 사람들은 사쓰마번과 조슈번 사람들이다. 이들은 에도 막부 성립 초기부터 막부 세력과

거리가 있던 사람들이었다. 이들이 막부 타도를 외친 건 다분히 감정적 측면이 있었던 건 아니었을까?

③...메이지 유신은 쿠데타였다

당시 역사의 진행 상황을 자세히 들여다보면 막부 타도를 외친 토막파는 매우 과감하게 움직여 상황을 주도해 나갔다. 반면 막부 측은 아주 조심스럽게 접근하였다. 기득권을 갖고 있던 막부는 내란을 피하고자 애썼다. 결국 치킨 게임과 같은 형국에서 대담한 쪽이 승리한 것이다. 대표적인 예로 토막파는 메이지 천황에게 '왕정복고 대호령'을 받아내서 막부로부터 명분을 뺏어버렸는데, 그 과정을 들여다보면 15살의 어린 나이였던 천황을 이용해 먹었다는 느낌을 피할 수가 없다.

④...메이지 유신과 군국주의의 관계

역사에서 가정은 의미가 없겠지만, 일본의 본질을 이해하기 위해서는 하나의 가정이 필요할 것 같다. 그 가정은, 만약 에도 막부가 중심이 되어 변화를 추진했더라면 과거 우리가 보아 온 일본의 행태와는 어쩌면 달랐을지도 모른다는 사실이다.

메이지 유신 후 국정을 주도한 세력은 주로 조슈번 사람이었다. 에도 시기를 이끌고, 개항까지 결정한 막부 세력은 쇼군을 따라 모두 시즈오카로 내려갔다. 관서 지방에 속하는 조슈번 사람들은 관동 지방의 에도 사람들보다 훨씬 더 침략적 성향이었던 것으로 보인다. 임진왜란을 일으킨 도요토미 히데요시도 관서 지방 인물의 대표라고 할 수 있지 않겠는가?

그러면 조선은 무엇을 잘못한 것인가?

일본이 미국과 화친 조약을 맺은 것이 1854년, 그리고 조선이 일본과 수호조약을 맺은 것은 1876년이다. 겨우 20여 년의 차이에 불과한데 두 나라의 운명은 천양지차로 달라졌다. 그래서 흔히 "일본은 근대화에 성공했는데, 조선은 그러하지 못했다."라고 말한다. 그것이 일반적인 평가이고, 인식이다. 그러나 이에 대해 완전히 동의하지 않는다.

①...출발점이 달랐던 일본과 조선

"근대화에 성공하지 못했다"라는 주장을 하기 위해서는 한 가지 전제가 있어야 한다. 그것은 출발점이 같아야 한다는 것이다. 100미터 달리기 경주를 하는데 한쪽은 0미터에서, 다른 쪽은 50미터 앞에서 출발한다면 누가 빠른지 비교하는 자체가 의미 없다. 근대화에 관한 한 일본은 조선보다 50미터 전방에서 출발했다. 따라서 결과를 가지고 비교하는 건 공정하지 않다. 그리고 그 결과 때문에 우리 조상들을 탓하는 것 또한 온당치 않다.

그럼, 왜 일본은 앞선 출발이 가능했는가? 두 가지 사실을 말하고자 한다. 하나는 그들이 서양 사정을 소상하게 알고 있었다는 것이다. 일본은 서구와 교류 역사가 길고, 쇄국하면서도 나가사키를 통한 교류를 계속해 왔다. 난학 등을 통해 서양 학문을 익힌 사람들도 다수 있었다. 그에 비해서 조선은 철저한 쇄국을 하였다. 바깥 세계에 대해 아는 것이 적었다.

또 한 가지 중요한 차이점은 일본은 에도 시대 이미 상업이 발전하고, 상공업에 종사하는 사람들이 사회에서 큰 역할을 하고 있었다는 사실이다. 반면 조선은 상공업을 천시했고, 농업 경제를 유지했다. 그럼, "조선은 왜 에도처럼 상공업을 발전시키지 못했는가? 그건 잘못한 거 아닌가?"라고 반문할 수 있을 것이다. 그런데 조선은 개국

때부터 주자학 중심의 체제를 내세웠다. 조선 창업 당시 주자학은 신학문이었고, 실용 지식이었다. 그리고 그 체제를 잘 유지하였기에 500년을 이어 올 수 있었다. 조선도 조선의 방식대로 열심히 역사를 이어 왔다는 것이다. 조선도 나름의 방식으로 잘했다고 할 수 있다. 그러다 세상이 바뀌어 그 방식이 통하지 않는 환경이 된 것일 뿐이다. 그러니 조선이 잘못했다고 말하는 건 조선 창건 당시 "500년 후에는 다른 환경이 될 텐데 왜 그걸 내다보지 못했느냐?"라고 따지는 것과 같다.

②…외부 세력의 개입

또 한 가지 일본과 조선의 근대화에 있어 중요한 차이점은 국제 환경이었다. 일본이 개국하고 근대화 노력을 하던 당시 동아시아에는 힘의 공백이 있었다. 영국은 인도를 식민지화한 후 더 이상 뻗어 나갈 여력이 없었고, 프랑스도 인도차이나를 식민지화하면서 힘에 부쳤다. 러시아의 경우 당시만 해도 시베리아 철도를 놓기 전이기 때문에 동아시아에 관한 관심 혹은 에너지가 제한되었을 것이다. 그들 모두 일본에 깊숙이 간여할 수 없었다. 반면 조선은 시간이 주어지지 않았다. 조선의 내적 역량이 축적

되기도 전에 청나라, 일본, 러시아 같은 외세가 개입해서 문제를 더 복잡하게 만들었고, 역량을 갖추지 못했던 조선은 이에 휘둘린 것이다.

당시 근대화 결과를 놓고 누가 잘하고 못하였느냐 말할 수는 없다고 생각한다. 그러니 우리 조상들을 탓하지 말아야 한다. 다만 우리는 거기서 몇 가지 교훈을 얻을 수 있을 것이다. 그것은 나의 문제를 보다 더 넓은 범위에서 봐야 한다는 것, 내 관점뿐만 아니라 타인의 눈으로도 봐야 한다는 것, 앞으로 닥칠 미래까지 생각해야 한다는 것, 그런 점이라고 말할 수 있을 듯하다.

42. 메이지 유신 주요 인물 12인 신상명세서

 어느 시대나 역사를 주도한 인물이 반드시 있다. 메이지 유신 때도 마찬가지다. 주로 조슈번, 사쓰마번 출신들인데 우리가 잘 아는 이토 히로부미도 그중 한 명이었다. 당시 메이지 유신에 핵심 역할을 한 주요 인물들을 알아보자.

일본 여행을 하거나, 일본 관련 글을 읽다 보면 메이지 유신과 관련된 인물들을 종종 접하게 된다. 근대 일본 역사를 이해하기 위해서는 메이지 유신에 영향을 미친 사람들을 머리에 두고 있어야 한다. 그들은 어떤 사람들일까? 이번 기회에 전체적으로 한 번 살펴보도록 하자. 굳이 알고 싶지 않은 독자는 이 페이지를 그냥 넘겨도 무방하다.

당시 핵심 역할을 한 인물들을 쭉 나열만 하면 아마 기억이 어려울 수 있다. 그러니 조금 입체적으로 접근해 보자. 우선 크게 ① 막부 타도 ② 제국 헌법 수립 및 내각(의회) 운영, 이 두 가지 상황을 중심으로 12명의 인물을 꼽아보고자 한다.

일본의 메이지 유신 세력은 막부 타도-이를 토막(討幕)이라 불렀다-가 우선적 과제였다. 물론 에도 막부 측은 기존 막부 체제를 유지하면서 자기들 중심으로 변화를 추진하려 꾀하였다. 당시 상황을 단순화해서 말하자면 토막파 vs 막부파 대결이었던 셈이다. 따라서 주요 인물로 꼽히는 사람들은 주로 토막파이다.

다음은 메이지 유신의 주역 중 중요한 역할을 한 인물 12명을 꼽아 본 것이다.

먼저 막부 타도에 앞장선 **토막파 인물 5명**이다.

1) 다카스키 신사쿠(高杉晋作): 조슈번 출신으로 소카손주쿠(松下村塾)에서 학습했다. 일본군 모체가 된 기병대(奇兵隊, 騎가 아니라 기이하다는 의미의 奇이다)를 조직하였다. 일본 수상을 지낸 '아베 신조(安倍晋三)' 이름의 '신'은 이 사람 이름에서 따왔다고 한다.

2) **기도 다카요시(木戸孝允)**: 조슈번 출신으로 역시 쇼카손주쿠(松下村塾)에서 학습했다. 사쓰마와 동맹을 맺은 주역이며, 메이지 신정부 고관을 역임했다.

3) **사이고 다카모리(西郷隆盛)**: 사쓰마번 출신으로 조슈번과 동맹을 맺은 주역이다. 에도 막부 타도에 앞장섰으며, 메이지 신정부 참의를 지냈다. 세이난 전쟁에서 사망했다.

4) **오쿠보 도시미치(大久保利通)**: 사쓰마번 출신으로 사이고와 함께 막부 타도에 앞장섰으며, 메이지 정부에서 제도 개혁 등을 주도하였다. 세이난 전쟁에서 반란군을 진압하였으나 나중에 암살당하였다.

5) **이와쿠라 도모미(岩倉具視)**: 교토 귀족 출신이다. 하급 관료로 토막파와 연합하여 메이지 유신을 성공시켰다. 1년여 서구를 둘러보는 이와쿠라 사절단 대표를 지냈고, 일본 철도회사를 설립했다.

그리고 당시 역사적 상황에서는 패배했지만 **에도 막부** 측에도 메이지 유신에 영향을 끼친 인물들이 있었다.

6) **도쿠가와 요시노부(徳川慶喜)**: 에도 막부 최후의 쇼군이다. 막부 중심의 변화를 추진하였으나, 토막파에게

밀려 권력을 상실하였다. 그 과정에서 유혈 대립을 피하도록 한 점을 인정받아 실권 후에도 작위를 받고 여유롭게 살며 천수를 누렸다. 유신 주역들이 대부분 30대에 사망한 것과 대비된다.

7) **가츠 카이슈(勝海舟)**: 에도 출신으로 막부의 신하로 있다가 보신 전쟁 시 신정부군에게 에도 성문을 열어주어 유혈 사태를 피하게 했다. 해군 육성을 주창하였으며, 청일 전쟁에 반대했다.

한편, 메이지 유신을 주도한 인물들을 키우거나 **배후에서 지원한 인물**들도 있었다.

8) **요시다 쇼인(吉田松陰)**: 조슈번 출신으로 소카손주쿠(松下村塾)를 설립하여 제자들을 키웠다. 일본 우익 사상의 핵심적 인물이다. 30세 나이에 처형되었으나 그의 사상적 영향은 대단히 컸다.

9) **사카모토 료마(坂本龍馬)**: 도사번 출신으로, 서로 앙숙이었던 사쓰마번과 조슈번의 동맹을 이끌어 토막을 이루도록 하였다. 가츠 카이슈의 영향을 받아 해운의 중요성을 인식, 일본 최초의 해운상사인 해원대(海援隊)를 창설했다. 일본인들에게 가장 사랑받는 인물이라 한다.

다음으로 막부 타도 후에 메이지 정부는 헌법을 제정하고 의회를 설립하는 등 **근대화를 추진**했는데, 그러한 과업 수행에 역할을 한 몇 사람을 알아보자.

10) **이토 히로부미(伊藤博文)**: 조슈번 출신으로 요시다 쇼인에게 배웠다. 메이지 정부 초기 큰 역할을 맡아 독일에 가서 헌법을 연구, 제국 헌법을 만들었다. 총리대신을 4회 맡았고, 정당을 만들기도 하였다. 조선의 보호국화를 주도하다 안중근 의사에게 처형당하였다.

11) **야마가타 아리토모(山縣有朋)**: 조슈번 출신으로 일본 육군의 아버지로 불린다. 다카스키 신사쿠 기병대에 참여하였고, 이토 히로부미와 번갈아 가며 총리대신을 맡았다. 언제나 강경파 노선을 견지한 인물이었다.

12) **오쿠마 시게노부(大隈重信)**: 사가번 출신으로 재무, 외무 분야 일을 담당하다 총리대신을 역임했다. 헌법제정과 의회 설치를 주장했으며, 헌정당을 창당하고, 와세다 대학을 세웠다.

다카스기 신사쿠

사카모토 료마

43. 이토 히로부미는 영웅인가? 원흉인가?

 이토 히로부미는 한국 사람들에게 가장 많이 알려진 일본 사람 중 한 명이다. 그는 일본 총리를 4번이나 역임할 정도로 일본 근대화에 큰 역할을 담당했다. 일본의 영웅이다. 하지만 반대로 조선을 겁박하여 을사조약을 체결하게 만든 원흉이기도 하다. 이토 히로부미! 그는 영웅인가? 원흉인가?

이토 히로부미는 아마 일본인 중에서 우리 한국 사람들에게 가장 널리 알려진 인물일 것이다. 그리고 그의 이름이 나오면 우리는 자연스럽게 안중근 의사를 생각한다. 이토 히로부미는 일본 대표로 조선에 와서 고종과 정부 관리들을 겁박하여 을사조약을 체결하도록 만들었다. 이어서 초대 통감도 맡은 조선 식민지화의 원흉이었다. 그러기에 안중근 의사가 그를 처단한 일은 박수를 받아야 마땅한 일이다. 그러나 역사를 통해 교훈을 얻으려 한다면, 그리고 지피지기의 자세로 일본을 제대로 알고자 한다면 이토 히로부미에 대해 조금 더 깊이 알아볼 필요가 있을 것이다.

이토 히로부미는 일본 메이지 유신을 주도한 조슈 세력의 일원이었다. 그는 어려서 짧은 기간 영국 유학을 한 경험이 있는데, 이를 계기로 대외 관계의 주요한 역할을 맡아 승승장구하였으며, 일본 총리를 네 번이나 역임했다. 당시 일본은 메이지 유신을 통해 겉으로는 성공적인 변신을 하였지만 내적으로는 과제가 산적하였고, 위기가 연달아 발생하였다. 이토 히로부미는 주요 과제가 발생할 때마다 이를 앞장서서 해결해 나간 문제 해결사였다.

이토가 역할을 맡았던 주요 사건을 살펴보면, ① 우선, 조선에 대한 정책이었다. 조선 정책은 일본 관점에서 볼 때 매우 중요하고 어려운 과제였다. 그래서 이토 히로부미를 대표로 조선에 보내 통치가 원활하게 이루어지도록 한 것이다. ② 두 번째로 이토 히로부미는 메이지 제국 헌법을 만드는 일에도 핵심 역할을 담당했다. 독일에 가서 헌법을 연구하였고, 제국 헌법을 만드는 작업을 주도하였다. ③ 다음으로 근대적 국가를 만들어 가는 과정에서 정당 정치 체제가 필요해지자 스스로 정당을 만들어 대응하였다. 그는 큰 문제가 생길 때마다 부름을 받아 총리를 4번이나 맡았다.

 일본은 조선 정책에 대해 국제 관계의 맥락에서 바라보았다. 특히 대러시아 관계가 주된 관심사였다. 이토 히로부미는 러시아와 협상을 하자는 쪽에서, 조선을 보호국으로 두되 '부분적인 자치는 허용하자'라는 입장이었다. 그러나 이토 히로부미의 라이벌이라고 할 수 있는 야마가타 아리토모(山縣有朋) 같은 사람은 생각이 달랐다. 그는 영일 동맹을 배경으로 러시아와 한판 전쟁을 벌이고, 조선도 완전 합병을 하여야 한다고 주장하였다. 이후 실제 역사는 결국 야마가타 아리토모의 구상대로 흘러갔다고 볼 수 있다.

이토 히로부미

44. 서구 열강과 일본의 막전 막후 수싸움

 외교의 기본은 수싸움이다. 서로의 이익을 위해 치열하게 계산하고 싸운다. 관세전쟁처럼 서로 얽힌 이해관계를 풀어가면서 최대의 이익을 도모한다. 일본은 그런 점에서 근대부터 이미 수싸움에 능했던 것 같다. 복잡하게 이어지던 일본과 서구열강과의 외교관계! 누가 누가를 이용하였는가?

일본이 개국하고 근대화를 추진하는 과정에는 국제 환경이 큰 영향을 미쳤다. 당시 상황을 입체적으로 이해하기 위해서는 바로 이러한 환경 변화를 함께 파악하는 것이 매우 중요하다.

일본은 1894년 청일전쟁에 이어 1904년 러일전쟁에서도 승리하자 자신감을 크게 가지게 되었다. 그 자신감은 일본을 군국주의로 이끌었고, 결국 태평양 전쟁까지 이르게 하였다. 1905년 을사조약을 통해 조선을 보호국으로 만들어 식민지화의 길로 들어서게 된 것도 러일전쟁의 승리에 기초하고 있었다. 그런데 사실 일본이 러시아와의 싸움에서 이긴 배경에는 영국의 도움이 있었다고 할 수 있다.

영국은 일본의 동맹이었다. 동맹은 1902년 맺어졌다. 이 동맹 관계는 일본이 세계로 뻗어나가는 초석이었으며, 일본이 러시아와 전쟁을 벌일 때 강력한 지원군 역할을 하였다. 영국의 지원이 없었다면 러시아와의 전쟁을 꿈도 꾸지 못했을 것이다. 조선의 운명도 결국 이 동맹에 큰 영향을 받았다고 할 수 있다. 영일동맹은 1905년 더욱 강화되는 방향으로 개정되었고, 1921년 워싱턴 회의에서 실효될 때까지 일본 외교의 축으로 유지되었다.

일본이 외국과 최초로 체결한 조약은 1854년 미국과 맺은 미일 화친조약이다. 이어서 미국과 통상수호조약을 맺어 무역을 시작할 수 있게 되었다. 하지만 그 조약은 관세권의 제한, 영사 재판권 허용 등 불평등한 내용이었다. 이후 맺은 다른 여러 나라들과의 조약도 모두 불평등했다. 이후 시간이 지나면서 일본은 조약 내용이 부당하다는 인식을 하게 되어 개정을 추진하였다. 그러나 서구 제국들은 이를 들어주지 않았다.

　바로 이때 상황을 타개하도록 도와준 나라가 영국이었다. 영국은 1892년 영일 통상항해조약을 맺으면서 불평등 내용을 해소해 주었다. 이를 계기로 일본은 다른 서구 나라들과도 불평등 내용을 개정할 수 있게 되었다. 영국은 영일동맹 체결보다 훨씬 전에 이미 일본에 접근한 셈이다.

　영국이 아시아 저 끄트머리에 있는, 자신들의 주요 식민지인 인도와도 거리가 먼 일본에 접근한 이유가 무엇일까? 러시아 때문이었다. 그레이트 게임이라고 불리기도 하는 영국과 러시아의 대결 구도 상황에서 당시 패권국이었던 영국에게 러시아는 언제나 경계의 대상이었다. 그런 러시아가 아시아 지역까지 진출하자, 영국도 덩달아 아시아에 힘을 기울이게 된 것이다.

　러시아의 아시아 진출은 시베리아 횡단 철도 건설을 통해서였다. 러시아는 19세기 시베리아 철로를 건설하기 시작하였고, 1888년에는 우랄산맥 부근까지 진출한 후, 1895년 대부분의 구간을 완성하였다. 이러한 배경 속에서 영국과 일본의 관계가 성립하게 된 것이다.

러시아는 일본과 국경을 맞대고 있다 보니 처음부터 대결적 구도로 만났다. 홋카이도 북쪽의 사할린에 1869년 러시아군이 최초로 진출하였고, 일본도 1870년 사할린 조사단을 파견하였다. 이후 일본이 계속하여 한반도와 만주로 진출하게 되자 끊임없이 러시아를 의식하지 않을 수가 없었다.

일본 내에서는 대러시아 정책에 있어 두 가지 주장이 있어 왔다. 하나는 타협을 통하여 상호 간의 이익을 조정하자는 것이었고, 또 하나는 정면 대결이 불가피하다는 것이었다. 한때 1898년 양국은 니시 로젠 협정을 맺어 적당한 타협을 하기도 하였지만, 결국 1904년 조선에서 두 나라의 이해가 부딪히면서 전쟁을 벌이게 된다.

타의에 의한 것이지만 일본은 미국과도 교류를 시작하였다. 당시 함선들은 석탄을 연료로 하는 증기선이었다. 따라서 항로가 있으면 중간에 석탄을 공급하는 항구를 반드시 확보해야만 했다. 미국은 청나라와의 교역이 늘고, 태평양에 포경선이 증가하면서 항구 확보가 필요한 실정이었다. 그러한 목적으로 미국은 일본을 개국시켰다. 그 정도 선에서 목적을 달성한 미국은 일본에 더 이상 깊이 간여하지 않았다. 나중에 미국이 일본을 주요 상대로 접하게 된 것은 제1차 세계대전 후, 특히 1921년 워싱턴 회의부터였다.

미일 관계를 설명하기 전, 잠깐 미국 사정을 살펴보도록 하자. 미국은 서부 대개발을 하는 동안에는 해외에 큰 관심을 보이지 않았다. 그러다 서부 대개발이 어느 정도 마무리되자 외부로 눈을 돌렸다. 그 시기는 대체로 시어도어 루즈벨트 대통령(1901년~1909년) 때라고 볼 수 있겠다. 이후 우드로 윌슨 대통령(1913년~1921년)이 제1차 세계대전에 참전하고, 전후 처리 과정에서 국제적 리더십을 발휘하면서 국제 관계에 영향력을 행사하기 시작하였다. 미국은 점차 대서양뿐만 아니라 태평양에서도 주도권을 갖기 위해서 노력하다 자연스럽게 일본의 부상에 대해 신경을 쓰지 않을 수 없는 상황을 맞게 된 것이다.

일본은 1914년~1918년 기간 벌어진 제1차 세계대전에서 연합국에 참여하였다. 일본은 참전은 했지만, 전쟁 피해는 입지 않았고, 오히려 전쟁 특수로 인해 경제가 비약적으로 성장하였다. 아시아 지역에서 적국이었던 독일의 권리를 접수하여 국제적 위상이 높아졌다. 전쟁 후 결성

된 국제연맹에서도 영국, 프랑스, 이탈리아와 함께 상임이사국이 되었다.

일본이 이렇게 성장하게 되자 태평양 건너 있는 미국이 일본을 견제하기 시작하였다. 그 최초의 움직임이 1921년 워싱턴 회의였다. 그 내용은 여럿 있겠으나 핵심 내용은 각국의 보유 함선의 상한을 정하는 것이었는데, 주된 타겟은 일본이었다. 그 상한 비율은 미국:영국:일본:프랑스:이탈리아 = 5:5:3:1.75:1.75였는데, 이미 일본이 세계 강대국 반열에 올라섰음을 알 수 있다. 그리고 이 회의에서 미국의 요구로 영일 동맹 폐기가 결정되었다. 영국을 배경으로 성장하던 시기가 끝난 것이다. 이후에도 미국은 일본의 부상 및 확장을 끊임없이 우려하고 견제하였으며, 그 흐름에서 결국 태평양 전쟁이 일어났던 것이다.

45. 조선 개화기 34년과 일본

1910년 한일합방 후부터 일제 강점기 36년은 모두 기억한다. 그러나 그 전에 일본이 조선을 삼키기 위해 34년 동안 공을 들여왔다는 사실은 잘 모른다. 두 기간을 합하면 사실상 총 70년의 세월을 일본과의 관계 속에서 지낸 셈이다. 그 시간을 들여다보자.

이번 글은 조선 이야기이다. 일본 역사를 쓰는데 왜 조선 얘기를 끼워 넣는가? 그 이유는 일본의 상황을 정확히 이해하는 데 도움이 되기 때문이다. 여기서 다룰 내용은 1876년 조선이 강화도 조약을 통해 대외적으로 문호를 개방한 후 1910년 식민지가 될 때까지의 34년간 일본과 얽힌 이야기이다.

조선은 1392년 태조 이성계에 의해서 창건된 후 제도와 풍습을 크게 바꾸지 않은 채 1876년까지 같은 체제를 유지하였다. 중국이 세상의 중심이었고, 주자학이 사상을 지배하였으며, 농업이 유일한 생산 방식이었다. 그러다 1876년 강화도 조약으로 일본 및 서구 열강들과 관계를 맺으면서 완전히 새로운 도전을 맞게 되었다. 조선은 그 도전을 이겨내지 못해 결국 1910년 식민지로 전락하였다. 그 34년 동안 무슨 일이 있었던가? 그리고 그 배후의 일본은 어떤 상황을 겪고 있었으며, 어떤 역할을 했던가? 주요 사건들을 중심으로 살펴보고자 한다.

우선 일본과 얽힌 아래의 중요한 역사적 사건 흐름표를 머리에 넣어 두면 좋을 것 같다.

1876년 강화도 조약
1882년 임오군란
1884년 갑신정변
1894년 동학혁명, 청일전쟁
1894년 갑오경장
1895년 삼국간섭, 을미사변
1896년 아관파천
1897년 대한제국 선포
1905년 을사조약
1910년 한일합방

강화도 조약(1876년)

일본은 1868년 메이지 유신 정부를 발족시킨 다음 조선에 국서를 보냈다. 정권이 바뀌었음을 알리고, 양국의 관계를 갱신하고자 할 목적이었다. 그러나 조선은 국서의 접수를 거부하였다. 조선과 우호 관계였던 도쿠가와 막부를 무너뜨린 것에 대한 불만이 있었던 데다 일본에 대한 경계감도 작용하였다. 그들이 사용한 황(皇)이나 칙(勅)과 같은 용어들은 황제나 쓰는 용어였기에 조선은 이를 받아들일 수 없었다.

조선이 그들의 국서를 거부하자 일본은 모욕감을 느꼈고, 내부적으로 조선 원정 주장이 나오게 되었다. 소위 '정한론(征韓論)'이다. 당시 일본이 시급한 국내 현안이 많아 정한론이 채택되지는 않았지만, 한때는 금방 쳐들어갈 태세에 있었다.

운요호 사건이 발생한 것은 1875년이었다. 그해 일본의 주요 이슈는 메이지 유신 후 국가 체제를 어떤 식으로 만들어갈 것인지의 문제였다. 최고 지도자였던 오쿠보, 기도, 이타가키 3인이 오사카에서 이 문제를 가지고 회의를 열었다. 일본 역사에 중요한 사건이었다. 그들은 영국식 입헌체제를 받아들일 것인가, 아니면 다른 국가 형태를 채택할 것인가 논의하였다.

1875년의 운요호 사건이 일어나자, 일본의 사건 처리는 미국 페리 제독의 행태와 유사하였다. 그러나 일본이 조선을 개국시키고자 일부러 사건을 일으킨 것 같지는 않다. 조선도 대원군이 물러난 후 쇄국정책을 고집할 수 없다는 인식이 있었기 때문에 양국 간에 합의는 대체로 순조롭게 진행되었다. 그 결과 1876년 조선과 일본이 강화도 조약을 맺게 된 것이다. 공식 명칭은 '조일수호조규'이며, 조선 최초의 근대 조약이다.

이때 일본 대표로 나온 사람은 구로다 기요타카(黑田淸隆), 이노우에 카오루(井上馨)로 이들은 훗날 일본의 총리, 외무대신을 역임하게 된다.

임오군란(1882년)과 갑신정변(1884년)

1876년 개항 후 민씨 정권은 나름대로 변화를 추진하였다. 그 과정에서 신식 군대와 차별을 받게 된 구식 군인들의 불만이 쌓이게 되어 1882년 난을 일으켰다. 그들은 민씨 척족들을 제거하였고, 민비는 충주 등지로 몸을 피하였다. 이 사건으로 대원군이 다시 권력의 전면에 등장하게 된다. 일본 공사관도 공격을 받았고, 일본 공사는 가까스로 일본으로 피신하였다.

　민비 측은 이 사태를 해결하기 위해 청나라에 도움을 요청하였다. 청나라는 즉시 군대를 보내 대원군을 납치해 중국으로 끌고 가 버렸다. 권력은 다시 민씨 일족에게 넘어왔고, 청나라는 향후 조선에 대한 간섭을 지속하였다.

　일본은 이 시기 여전히 국가 체제의 형태를 정하는 문제를 가지고 갈등상태에 있었다. 1881년에는 소위 메이지 14년 정변이 일어나 이토 히로부미가 정국을 주도하는 체제가 확립되었다. 이토 히로부미는 그 후 헌법 연구를 목적으로 1882년 유럽으로 떠난다.

　임오군란의 결과 조선에서는 청이 득세하여 일본은 국면전환을 모색하여야만 했다. 이에 일본은 조선과 제물포조약을 맺었고, 조선은 박영효를 대표로 하는 제4차 수신사를 일본에 파견하였다. 일본은 수신사로 온 박영효, 김옥균 등에게 환대를 베푸는 등 많은 공을 들였다. 두 사람은 일본을 보고 큰 느낌을 받아 2년 후 일본을 등에 업고 갑신정변을 일으키게 된다.

　임오군란은 일본의 의도와 관계없이 사건이 진행되었지

만, 갑신정변은 일본의 면밀한 기획으로 발생한 사건이었다. 처음부터 다케조에(竹添進一郎) 공사가 이토 히로부미 및 이노우에 카오루 등에게 보고를 해 가면서 이 일을 진행하였다.

갑신정변 결과 일본은 조선과는 한성 조약, 청나라와는 천진 조약을 맺었다. 이 조약에 따라 일본은 조선에 군대를 파견할 수 있는 길이 열렸고, 청나라와 대등한 지위에 서게 되었다. 청나라와 담판을 주도한 이토 히로부미는 국제사회에서 명성을 얻게 되었다.

동학혁명과 청일전쟁(1894년)

이토 히로부미는 일본에서 내각제가 출범한 후 1885년 첫 총리를 맡았다. 이후 1888년 제국 헌법 반포를 위해 추밀원 원장으로 물러났다가 1892년 두 번째로 총리직을 맡게 되었다. 일본은 의회를 개설한 후 야당이라고 할 수 있는 민당이 의석수에서 우세하여, 내각과 의회는 줄곧 갈등상태였다. 그 와중에 이토 히로부미에게 희소식이 들려왔다. 조선에서 동학란이 발생한 것이다.

동학란을 스스로 진압하지 못하던 조선은 청나라에 군대를 보내 줄 것을 요청했다. 청이 군대를 보낸다면 천진 조약에 따라 일본도 합법적으로 군대를 보낼 수 있는 상황이었다. 이런 기회를 이용하여 일본도 군대를 보내며 청나라와의 전쟁을 기획하기 시작하였다. 그리고 정계 거물인 이노우에 카오루를 조선의 공사로 보냈다. 결국 청나라와 일본은 전쟁에 돌입하였고, 청일전쟁은 일본의 승리로 마무리된다.

삼국간섭(1895년)과 을미사변(1895년), 그리고 아관파천(1896년)

청일전쟁에서 이긴 일본은 시모노세키 조약을 맺어 청나라로부터 배상금을 받아내고, 요동 반도를 할양받았다. 그런데 러시아가 프랑스, 독일을 끌어들여 3국 합동으로 요동 반도 할양에 대해 이의를 제기하였다. 이 세 나라에 대항할 힘이 없던 일본은 결국 요동 반도를 다시 청나라에 돌려주게 된다. 이를 삼국간섭이라 한다.

삼국간섭 결과를 지켜본 조선은 일본을 제어할 세력으로 러시아에 관심을 두게 되었다. 특히 실권회복을 노리던 민비가 적극적으로 러시아에 접근하였다.

이러한 조선의 태도 변화를 지켜본 일본은 접근 방법을 바꾸었다. 그때까지 조선을 보호국으로 만들고자 노력했던 이노우에 카오루 공사를 불러들이고, 미우라 고로(三浦梧樓)를 공사로 임명하였다. 미우라 공사는 부임 후 조선과 러시아와의 관계 핵심 인물이 민비라고 보고, '을미사변(명성황후 살해 사건)'이라는 엄청난 사건을 일으킨다. 그러자 신변의 위협을 느낀 고종이 러시아 공사관으로 몸을 피하는 사태가 일어나는데, 이 사건이 '아관파천'이다.

이 모든 일들이 벌어진 시기의 일본 총리가 이토 히로부미였다.

러일전쟁(1904년)과 을사보호조약(1905년), 그리고 한일합방(1910년)

한반도에서 주도권을 러시아에 빼앗긴 일본은 니시 로젠 협정(1898년)을 맺는 등 러시아의 우위를 인정하면서도 최소한의 세력이라도 유지하려는 노력을 기울였다. 러시아와 타협을 해야 한다고 주장하는 사람들의 생각에 따른 것이었다. 이토 히로부미, 이노우에 카오루 같은 사람들이 그러한 주장을 펼쳤다. 한편, 일본 내에는 영국과 동맹을 맺고 러시아와 일전을 벌여야 한다고 주장하는 사람들도 있었다. 야마가타 아리토모(山縣有朋), 가츠라 타로

(桂太郎)와 같은 사람들이었다.

1901년 네 번째 총리직을 단기간 수행한 이토 히로부미는 유럽을 여행하며, 러시아와의 접촉을 통해 타협을 추진하였다. 그러나 다른 한편으론 영국과의 동맹을 추진하였고, 1902년 동맹이 맺어졌다. 러시아와의 일전을 피할 수 없는 상황이 된 것이다.

결국 1904년 일본은 러시아와 전쟁을 벌여 이긴 것도 아니고 진 것도 아닌 애매한 상태에서 전쟁이 끝났다. 이 전쟁으로 러시아는 조선에서 발을 뺐다. 이제 조선에서 일본을 방해하는 세력은 하나도 남지 않게 된 것이다. 그렇게 1905년 을사보호조약이 맺어지고, 1910년 한일합방조약까지 이르렀다.

46. 만주국 이야기

 만주국을 아는가? 만주국은 중국 침략을 위해 일본이 사전에 철저히 기획하여 세운 가짜 나라이다. 그런데 이 만주국은 당시 조선 사람들의 삶에도 큰 영향을 주었다. 박정희, 정일권, 백선엽, 최규하 등 엘리트들이 만주를 찾아갔다. 왜 그들은 만주행을 택했을까?

이 책은 일본 여행, 비즈니스 등 여러 가지 이유로 일본을 알고 싶은 사람들을 위해 쓴 책이다. 일본 역사를 가볍고 쉽게 한눈에 파악할 수 있도록 소개하는 것이 목적이다. 그런데 왜 만주 이야기냐고? 물론 만주는 일본 방문과 같은 목적을 가진 사람에게는 별 상관없는 소재다. 그럼에도 만주국 꼭지를 포함한 이유는 당시의 일본을 입체적으로 파악하는 데 도움이 되기 때문이다. 가벼운 주변 내용을 곁들여 일본을 좀 더 잘 이해할 수 있다면 그것도 나쁘지 않은 일이지 않겠는가?

만주국은 1932년 세워진 후 1945년 일본의 패망과 함께 사라진 국가다. 일본 관동군의 철저한 사전 기획으로 세워진 나라이다 보니 흔히 위만(僞滿)이라고 부르기도 한다. 가짜 만주국이라는 의미다. 청나라의 마지막 황제였던 부의(溥儀)를 황제로 앉히고 제국으로 칭하였다. 수도는 신경(新京)이었는데, 지금의 중국 장춘이다.

만주국은 일본의 중국 침략을 위한 목적으로 세워졌다. 1905년 러일 전쟁으로 일본이 러시아 세력을 밀어낸 후 뤼순과 다롄 지역 등을 지배하였다. 그리고 이 지역을 관동주(關東州)라고 부르기 시작하였다.

또한 일본은 1906년 남만주 철도 관리를 위하여 만철(滿鐵)이라는 기업을 설립하고, 철로 보호 명목으로 관동군을 창설하였다. 그런데 관동군은 일본 본국의 지휘를 따르지 않았다. 제멋대로 움직이면서 아시아 정세를 제멋대로 좌지우지하였다. 당시 일본 헌법 구조상 군대가 천황의 직속으로 되어 있었기 때문에 가능한 일이었다. 일본은 1910년 조선을 합병한 후 조선 통치가 어느 정도 자리 잡혀가자 1931년 만주사변을 일으켜 만주 전역을 점령한다. 그리고 다음 해 만주국을 세운 뒤, 1936년 중일 전쟁을 일으켜 중국 대륙 침략을 감행한 것이다.

만주국이 정치적으로는 비정상적인 모습으로 일관했지만, 당시의 조선 사람들 삶에는 적지 않은 영향을 미친 듯하다. 만주 지역은 전체 인구에 비해서 일본인 숫자가 절대적으로 적었기 때문에 조선인들을 활용하고자 약간 우대하기도 하였다. 또 조선만큼 통제가 심하지 않아서 만주로 이주한 조선 사람들이 적지 않았다.

농업을 위해 북간도로 이주한 사람도 많았겠지만, 새로운 기회를 찾아 만주로 간 엘리트들도 꽤 있었다. 대표적인 인물로 만주 육군군관학교 등으로 진학한 박정희, 정일권, 백선엽 등이 있고, 대동학원을 나와 만주국 관리가 되었던 최규하도 그 중 한 사람이었다. 당시 조선의 대표적 기업이었던 경성방직도 1939년 남만주방직회사를 세웠는데, 그 규모가 경성의 공장보다 훨씬 컸다고 한다.

일본은 괴뢰국인 만주국을 세운 일로 세계 여러 나라의 비난을 받게 되었다. 급기야는 국제연맹이 조사단을 파견하는 등 국제 여론이 악화되어 가자, 일본은 국제연맹을 탈퇴해 버렸다. 이후 군국주의를 더욱 강화하여 태평양 전쟁을 일으킨다.

47. 태평양 전쟁: 일본의 몰락

 일본은 왜 무모하게 태평양 전쟁을 일으켰을까? 미국을 상대로 승리할 수 있을 거라고 판단했을까? 1941년 일본의 진주만 공습에 대해 지금도 의문을 제기하는 사람들이 많다. 그러나 세상에 이유 없는 전쟁이 어디 있을까.

1941년 12월 7일 일본은 미국 하와이에 있는 진주만 기지를 기습 공격하였다. 태평양 전쟁의 시작이었다. 독일이 유럽에서 1939년 전쟁을 일으켰지만, 미국은 이때까지만 해도 움직이지 않았다. 세계의 전쟁 기류에 휘말리지 않고 있던 때였다. 그러던 미국이 일본으로부터 공격을 받게 되자 참전을 결정하였다. 세계 대전으로의 확대였다.

아마 지금도 일본의 진주만 공격에 대해 의문을 가지는 분들이 많을 것이다. 무모해 보이니까. 나도 그랬다. 그런데 이전의 역사적 배경을 살펴보면, 왜 일본이 진주만 공격을 감행했는지 어느 정도 이해할 수 있을 것이다.

원래 일본은 제1차 세계대전 당시 영국 등과 같은 편에 서서 독일과 대적하였다. 하지만 일본은 전쟁에 본격적으로 휘말린 적이 없었고, 아시아 지역에서 독일의 군사 기지를 빼앗는 정도의 역할을 담당하였다. 전쟁이 연합국의 승리로 끝나자, 일본은 전승국 자격으로 1920년 발족된 '국제연맹'의 상임 이사국 지위를 얻었다.

일본이 이처럼 계속 성장해 나가자, 태평양을 함께 마주보고 있던 미국은 점차 경계심을 드러내기 시작하였다. 대표적인 사건이 1921년의 워싱턴 해군 군축회의다. 이 회의에서 일본은 해군력을 미국의 60%로 제한하는 협정에 서명하게 된다.

이후 일본이 1931년 만주사변을 일으키고, 1932년 만주국을 세우자, 국제 사회는 이를 침략으로 규정했다. 이에 일본은 국제연맹을 탈퇴해 버리고, 1936년 중일 전쟁을 일으켰다. 1940년에는 중국에 대한 물자 공급을 차단할 목적으로 인도차이나반도까지 진출하였다.

일본의 침략 행위가 계속되자 미국은 이에 대응하기 위

해 1941년 8월 일본에 대한 석유 수출을 금지하였다. 그리고 국무장관이었던 헐(Hull)의 이름으로 당면 제반 문제 해결 방안을 제시하였는데(일명, 헐 노트 Hull note), 주요 내용은 중국, 인도차이나에서 철수 등 그동안 일본이 쌓아놓은 것들을 포기하라는 것이었다. 일본은 이를 받아들일 수 없었고, 미국의 최후통첩으로 간주하여 진주만을 기습하게 된 것이다. 유럽에서 독일이 승승장구하던 시기였기 때문에, 태평양에서 대적해 볼만하다고 생각할 수도 있었다.

태평양 전쟁 초반 약 6개월 동안은 일본의 승리가 이어졌다. 연속적으로 영국 해군을 격파하고, 동남아시아 대부분 지역을 점령하였으며, 호주, 뉴질랜드를 위협하기에 이르렀다. 그런데 점령 지역이 빠른 속도로 넓어지자, 점령지 관리에 무리가 생기기 시작하였다. 보급이 어려워지고, 강압적 통치로 인한 현지인들의 반일 투쟁이 격화되었다. 중국 전선에 많은 병력을 배치했기에 남방으로 보낼 수 있는 병력도 한계가 있었다.

그러던 중, 1942년 6월 미드웨이 해전에서 일본 해군이 궤멸적 패배를 당해 전세가 완전히 뒤바뀌었다. 과달카날

섬, 필리핀, 레이테만 해전 등 여러 전투에서 일본은 연속적으로 패배했다. 이오지마, 오키나와가 미군에 점령당하고, 동경을 포함한 일본 본토가 대규모 폭격을 받는 등 일본의 패배가 점점 명확해지고 있었다.

이에 따라 일본 항복에 관한 논의가 배후에서 활발하게 벌어졌다. 일본은 조건부 항복을 주장하였지만, 연합국은 '무조건 항복 외에는 받아들일 수 없다'라는 입장 고수로 타협이 이루어지지 않았다. 결국 소련까지 대일 선전포고 후 남하를 시작하고, 히로시마, 나가사키 두 도시에 원자폭탄이 투하되자, 1945년 8월 15일 항복함으로써 전쟁은 끝났다.

전쟁이 끝난 후 처음에 미국은 일본을 농업 국가로 만들 구상을 하였다. 더 이상 침략할 수 없도록 하기 위해서였다. 하지만 제2차 세계대전 이후 공산 진영과의 대립이 첨예한 이슈로 발전되어 가자, 일본을 활용하기 위해 정책 방향을 수정하였다. 특히 1950년 한반도에서 전쟁이 발발하자, 미국이 일본을 군수 물자 보급 기지로 활용하면서 일본 경제는 다시 일어서는 전기를 맞았다.

6장

현대

오늘날 일본의
몇 가지 이모저모

일본은 여전히 강한 나라인가?
천황과 총리대신(總理大臣), 독특한 일본 1당 정치
일본의 행정 구역은 어떻게 나누지?
철도의 나라 일본
세습 정치, 화(和), 서구 지향성, 교토, 먹거리
일본어에 관한 몇 가지 흥미로운 이야기

48. 일본은 여전히 강한 나라인가?

 현대 일본 경제 규모는 세계 4위 수준이다. 1920~1930년 한때 아시아의 유일한 강대국이었다. 하지만 전쟁 패배 후 나락에 떨어졌다가 다시 일어났다. 잃어버린 30년을 보내기도 했다. 번영과 쇠퇴를 반복한 일본을 통해 우리가 배워야 할 점이 있다면 무엇일까?

1854년 개항부터 현재까지 일본은 두 번의 번영기와 두 번의 쇠퇴기가 있었다고 할 수 있다. 첫 번째 번영기는 메이지 유신 후였다. 유신에 성공한 일본은 근대화에 박차를 가해 아시아에서 유일한 강대국이 되었다. 1920~30년대의 시절이다. 이후 미국과 전쟁을 벌여 엄청난 피해를 입고 패배하며 나락에 떨어졌다.

승전국인 미국은 일본을 다시는 전쟁할 수 없는 국가로 만들겠다는 의도를 가지고 있었다. 그래서 일본에 소위 평화 헌법을 만들게 하여, 군대를 가질 수 없고, 전쟁을 할 수 없다는 사실을 헌법에 명시토록 하였다. 아울러 산업도 일으키지 못하게 하겠다는 생각을 가졌다. 그러나 전후 전개된 국제 정세 변화에 따라 극동에서 공산권에 대항할 세력이 필요하게 되자, 미국의 일본 경제에 관한 입장은 달라졌다. 때마침 한반도에서 전쟁이 발발함에 따라 미국은 일본을 병참 기지로 활용하였는데, 이는 일본이 다시금 경제 성장을 추구하는 전기가 되었다.

1980년대 들어 일본은 제2의 전성기를 맞았다. 고도성장을 거듭하여 1995년에는 경제 규모가 미국의 72.6%까지 육박하였다. 시가총액 기준 세계 Top 20 기업 중 일본 기업이 16개를 차지할 정도였다. 1인당 소득으로 세계 2위에 오른 적도 있다.

일본의 이러한 성장은 미국이 다시 경계심을 갖도록 만들었다. 미국은 1985년 '플라자 협정'을 통해 엔화를 절상시켜 일본 제품의 수출 경쟁력을 떨어트렸다. 또한 같은 해에 '미일 반도체 협정'을 맺어 당시 세계 최고 수준이던 일본 반도체 산업의 발목을 잡는 정책도 시행하였다. 이런 상황 속에 일본은 내부의 경제 정책 실패까지 겹쳐 버블이 발생하고, 다시 버블이 꺼지면서 소위 말하는 잃어버린 30년의 세월을 보내야만 했다.

오늘날 일본 경제 규모는 중국, 독일에도 추월당해 세계 4위이다. 1인당 국민소득은 4만 달러를 넘지 못하고, 우리나라와 비슷한 수준에 머물러 있다. 한때 전 세계를 주름잡던 IT/전자 산업조차도 미국뿐 아니라 한국, 중국, 대만에 치여 옛 영화를 되찾지 못한 채 현대와 마주하고 있다.

일본의 잃어버린 30년을 이야기할 때 우리는 알게 모르게 일본에 대해 얕보는 생각을 갖기도 한다. 그런데 그 상황을 반대로 보면 느낌이 조금 다를 수 있다. 일본은 IT산업뿐만 아니라, 철강, 화학, 섬유 등 여러 산업에 걸쳐 한국에 치이고 중국에 밀려 세계 시장에서 자취를 감췄다. 여러 분야의 산업이 동시에 무너진다면 웬만한 나라 경제는 지탱하기 힘들 것이다. 그럼에도 일본은 여전히 4만여 달러 수준의 1인당 국민소득을 유지하고, 세계 4위의 경제 규모를 자랑하며, 안정된 사회를 유지하고 있다. 그 비결은 무엇인가? 우리가 일본을 통해서 얻어야 할 교훈은 바로 그 점이 아닐까 싶다.

일본 역시 자신들의 문제를 잘 파악하고 있다. 그래서 침체 극복을 위해 여러 가지 노력을 기울이는 중이다. 최첨단 반도체를 생산할 수 있는 기업 '라피더스'를 설립하여, 제2의 반도체 융성기를 꿈꾸고 있다. 미중 간의 관계 변화에 따른 세계 질서 변화 속에서 자신들의 입지를 확보하기 위해서도 노력한다. 후지산 폭발, 난카이 해구의 지진 등 자연재해 가능성까지 안고 살아가는 일본이 앞으로 이러한 과제들을 어떻게 풀어 나가는지 주의 깊게 지켜볼 일이다.

49. 천황과 총리대신(總理大臣), 독특한 일본 1당 정치

 일본은 자민당이라는 1당의 장기 집권 국가다. 천황은 국가의 상징이고, 실질적인 권한은 '내각총리대신'이 가진다. 특이하게 총리, 장관이라는 명칭 대신, 신하를 뜻하는 '총리대신', '대신'이라는 명칭을 쓴다. 이처럼 독특한 현대 일본의 정치 체제에 대해 알아보자.

태평양 전쟁이 막바지에 접어들었을 때 일본은 패색이 짙음에도 불구하고 항복을 결정하지 못했다. 매일매일 전투와 폭격으로 수많은 사람들이 죽어 나가는 상황 속에서도 연합국의 무조건 항복 요구를 수용하지 않았다. 그렇게 버틴 주요 이유 중 하나가 천황에 대한 지위 유지 문제 때문이었다.

일본국 지도자들에게 천황 제도 유지는 매우 중요한 사안이었다. 그래서 전쟁이 끝난 후의 천황에 대해서도 뜨

거운 감자일 수밖에 없었다. 천황의 전쟁 책임 문제와 향후 천황의 지위가 주요 이슈로 등장했다. 일본제국 헌법에 따르면 모든 주요 결정은 천황이 내리게 되어 있었기 때문에 천황이 전쟁 책임을 면할 방도가 없었다. 하지만 미국은 당시 국제 정세상 일본을 울타리 안에 두고 활용하는 것이 필요하여 천황을 벌주거나 없애지 못했다. 그 대신 천황은 '신'이 아니고 '인간'이며, 더군다나 맥아더 장군보다도 덜 의젓한 인간이라는 이미지로 전락시키는 정도에서 마무리하고 말았다.

오늘날 일본 헌법은 주권은 국민에게 있고, 천황은 단지 국민 통합의 상징으로만 존재한다고 규정하고 있다. 따라서 실제 권력을 내각에 두는, 즉 의회의 다수당이 운영하는 내각책임제를 채택하고 있다. 현재 천황은 아무런 정치적 권한이 없고 상징적으로만 존재한다. 그런데 신기하게도 여전히 일본 내각 각료들은 '장관'이라는 명칭을 사용하지 않고, 신하를 의미하는 '대신'이라는 호칭을 사용한다. 일본 총리의 공식 명칭도 '내각총리대신'이다.

일본은 전후 80년 동안 약 5년여를 제외한 전 기간 자민당이 집권하였다. 일당 독재는 아니지만, 일당 독주 체제라고 볼 수 있다. 자민당 내에서 당권을 잡게 되면 당 총재가 바로 총리가 된다. 따라서 다른 당과의 경쟁은 그다지 중요하지 않다. 오직 자민당 내에서의 경쟁만이 치열할 뿐이다. 당내 파벌 활동이 활발할 수밖에 없는 이유다.

2025년 현재 일본 총리인 이시바 시게루는 102대 총리다. 일본은 메이지 시대 초대 총리였던 이토 히로부미를 시작으로 태평양 전쟁 시기까지 총 42대 총리가 재임했고, 전후는 43대 총리부터 시작했다.

일본 역대 총리를 살펴보면 흥미로운 대목이 있다. 우리에게 잘 알려진 이토 히로부미는 일본 초대 총리를 지낸 후에도 국내에 중요한 문제가 생길 때마다 총리 자리를 맡다 보니 총 네 번에 걸쳐 총리를 역임했다. 가쓰라 태프트 밀약의 주역인 가쓰라 다로(桂太郎)도 총리를 세 번 지냈다. 조선을 합병하고 초대 총독으로 부임했던 데라우치(寺內正毅)는 일본으로 돌아가 총리로 임명되었다. 재직 일수가 가장 많은 사람은 아베 신조(安倍晉三)로 재임 기간이 총 3,188일이었다. 이어서 가쓰라 다로의 2,886일이며, 이토 히로부미는 2,720일로 네 번째라고 한다.

50. 일본의 행정 구역은 어떻게 나누지?

 우리나라는 전국의 행정 구역을 시군구(市郡區)로 나누는데 일본은 어떻게 나눌까? 일본은 전국을 도도부현(道都府縣)이라고 하는 총 47개의 지방자치단체로 나눈다. 즉 1道, 1都, 2府, 43縣 체제다. 일본 행정 구역을 이해하면 여행에 도움이 될 것이다.

일본은 **도도부현(道都府縣)**이라고 하는 47개 지방자치단체로 이루어져 있다.

첫 번째의 '도(道)'는 홋카이도(北海道)의 도를 말한다. 두 번째 '도(都)'는 도쿄도(東京都)를 말한다. 도쿄도 내에는 23개의 구, 26개 시 외에 몇 개의 도서들이 있다. 세 번째 '부(府)'는 오사카부(大阪府)와 교토부(京都府) 두 곳을 말한다. 도(都), 부(府)는 Metropolitan 정도로 이해하면 될 것 같다. 마지막 '현'은 그 외의 모든 지역으로 전국에 43개의 현이 있다.

그럼 43개의 현(縣)은 어떻게 구성되어 있을까.

일본은 알다시피 섬으로 이루어져 있는 나라이다. 먼저 본섬인 혼슈는 다섯 개 지방으로 나누며, 총 31개의 현을 가지고 있다.

① 그중 북쪽을 **도호쿠(東北) 지방**이라고 부르는데, 2011년 대지진이 일어났던 후쿠시마를 포함해서 6개의 현이 설치되어 있다. ② 동경 쪽 지역은 **간토(關東) 지방**이라고 부르며, 이바라키, 도치기, 쿤마, 가나가와 등 6개 현이 있다. 인구가 가장 많은 지역이다. ③ 중앙 지역은 **주부(中部) 지방**으로 니가타, 시즈오카 등 9개의 현이 있다. ④ 오사카 근교는 **긴키(近畿) 지방**으로 5개 현이 있는데 나라(奈良)도 그중 하나이다. ⑤ 섬 서쪽 끄트머리는 **주고쿠(中國) 지방**이라고 부르는데 히로시마, 야마구치 등 5개의 현이 있다.

그리고 작은 섬 **시코쿠**에는 4개 현, 서남쪽 **규슈** 섬에는 한국 사람들이 많이 가는 후쿠오카를 포함해서 구마모토, 나가사키 등 7개 현이 있다. 오키나와 섬도 독립된 현이다. 이렇게 총 43개의 현을 두고 있다.

우리가 보기에 좀 독특한 이름은 주고쿠(中國)가 아닐까 한다. 일본 내에 중국이 있는 것이다.

현(縣) 중에서 면적이 가장 넓은 현은 이와테(岩手)현이고, 인구가 가장 많은 현은 가나가와(神奈川)현과 사이타마(埼玉)현 등 수도 도쿄 근교의 현들이다.

결론적으로 일본은 홋카이도(北海道), 도쿄도(東京都), 오사카부(大阪府), 교토부(京都府)와 43개의 현(縣)을 포함하여 총 47개의 지방자치단체로 구성되어 있다고 보면 되겠다.

일본 주소 체계는 도시 기준으로 시-구-정목-번지로 되어 있다. 예컨대 도쿄도청(東京都廳) 주소는 '東京都新宿區西新宿2丁目8-1'인데, 이는 도쿄도, 신주쿠구, 니시신주쿠 2정목, 8번지의 1이라는 의미이다. 대체로 우리나라 주소 체계와 비슷한데 차이가 나는 부분은 丁目(쵸메)이다. 이는 그냥 우리나라의 무슨 '동'이라고 이해하면 될 듯하다.

51. 철도의 나라 일본

 자유여행으로 일본을 다니기 위해서는 철도와 버스를 이용해야 한다. 일본 철도는 신칸센과 재래선, 공영과 사철 등이 두루 연결되어 있다. 고속버스는 별도의 독립된 터미널이 없어 기차역과 연계하여 탑승한다. 일본의 철도와 버스 등 대중교통 시스템에 대해 알아보자.

일본 기차는 크게 두 가지 종류가 있다. 고속 열차인 **신칸센**과 일반 열차인 **재래선**이 그것이다. 일본은 우리나라처럼 기차 승차권 구매 후 자유롭게 승차하는 시스템이 아니라 반드시 승차권을 가지고 개찰구를 통과하여야 한다.

고속 열차인 신칸센의 표를 사면 두 장의 승차권을 준다. 온라인 사전 예매로 티켓을 구매한 경우에는 QR 코드를 개찰구에 스캔하면 종이 탑승권이 나온다. 두 장의 승차권 중 한 장은 이용 구간에 대한 기본 운임권이고, 또 한 장은 추가 요금을 지불한 특급권이다. 특급권은 지정석, 1등석(그린 객차), 2등석(일반 객차) 등 본인의 필요에 따라 선택하여 발권할 수 있다.

재래선의 경우는 직접 승차권을 구매할 수도 있고, 교통카드 혹은 신용카드로도 승차가 가능하다.

도쿄에서 오사카까지 구간의 경우, 신칸센은 약 2시간 30분 소요되고, 요금은 지정석이 14만 원 정도다. 재래선의 경우에는 약 9시간 소요되고, 요금이 9만 원 정도다. 재래선은 시간이 많이 소요되어 불편한 점도 있겠지만, 그 대신 구석구석 철도망이 잘 연결되어 있어 지방 여행을 계획할 때 편리한 점이 많다.

우리나라는 코레일(KORAIL)과 SR이라는 공기업이 철도 사업을 운영하고 있으나, 일본에는 JR이라는 공영 철도 외에도 사철이 잘 발달해 있다. 동경 지역만 해도 **도부(東部)**, **세이부(西部)**, **케이큐(京急)**, **토큐(東急)**, **게이세이(京成)**, **오다큐(小田急)**, **게이오(京王)** 등 철도 사업을 하는 기업들이 여럿 있다. 나고야에 가면 **메이테츠(名鐵)**가 있고, 교토에는 **긴테츠(近鐵)**, 오사카 고베 지역에는 **한큐(阪急)**, 후쿠오카에는 **니시테츠(西鐵)** 등이 있다.

이들 철도 회사는 철도 사업뿐만 아니라, 백화점, 부동산 사업 등을 함께 영위하고 있다. 철도는 기존 주민들의 교통 편의를 제공하기도 하지만, 철도 부설을 통해 특정 지역의 개발이 촉진되기도 한다. 도쿄의 경우 야마노테선 바깥의 교외 주택지들은 이러한 사철의 부설과 함께 발전하였다.

예를 들면 시부야에서 교외로 나가는 노선은 도큐 도요코선, 도큐 전원도시선, 게이오 이노카시라선 등이 있는데, 도쿄에서 가장 살기 좋은 곳으로 여겨지는 지유가오카 지역은 원래는 한적한 농촌 지역이었으나 1927년 도큐 도요코선이 개통되면서 크게 발전한 곳이다. 신주쿠 역시 교외로 나가는 철도가 많이 있는데, JR에서 운행하는 쥬오선부터, 오다큐 오다와라선, 게이오선, 세이부 신주쿠선 등이 있다.

철도 회사들은 역사에 있는 백화점 등을 보유하고 있는 부동산 기업이기도 하다. 철로가 지나가는 토지도 이들 소유다. 최근 이 토지에 대한 재개발이 중요한 이슈로 등장하고 있다. 예를 들면 오다큐(小田急) 철도 회사에서 시모기타자와(下北澤) 지역의 히가시기타자와 역에서 세

타가야다이타 역까지의 구간을 지하화한 후, 지상 구간을 공원 및 쇼핑 거리로 조성한 사례다. 그리하여 완전히 새로운 핫플레이스로 재탄생시킨 것이다. 우리나라에서 연남동 지역의 경의선 연변이 재탄생된 것과 유사한 모습이라 하겠다.

일본에서도 교통 카드가 폭넓게 사용된다. 교통 카드는 지역마다 이름이 다른데, 도쿄의 교통 카드는 Suica이라 한다. 오사카 등 간사이 지역 카드는 Icoca, 나고야는 Manaca라고 하며, 후쿠오카는 후쿠오카시 지하철에서 발행하는 Hayakaken, 니시테츠에서 발행하는 Nimoca 등이 있다. 이들 카드는 전국 어디서나 사용할 수 있고, 교통수단뿐만 아니라 편의점 등에서 결제 수단으로도 사용할 수 있다.

일본은 기차뿐만 아니라 고속버스도 매우 발달해 있다. 도쿄와 오사카, 교토를 연결하는 노선이 가장 인기가 있다. 대도시 외에도 나고야 등 주요 도시나 관광지들을 촘촘하게 연결한다. 일본은 우리나라 고속버스 터미널처럼 독립된 대중교통시설이 따로 있지 않다. 주로 기차역 주변의 빌딩이나 길거리에 탑승 장소가 있는데, 기차와 유기적으로 연결하고 있다는 점이 특징이다.

고속버스는 당연히 신칸센 철도에 비해 시간이 더 많이 소요되지만, 일반적으로 요금이 낮다. 그러나 모든 요금이 저렴한 건 아니고 고속버스 종류에 따라 신칸센보다 더 비쌀 때도 있는데, 장거리 여행자들이 숙박비도 절약할 겸 일부러 야간에 이용하기도 한다.

52. 세습 정치, 화(和), 서구 지향성, 교토, 먹거리

 나가사키 짬뽕, 돈까스가 고유 일본 음식이라고? 이 먹거리들은 원래 해외에서 들어왔지만 일본화한 것이다. 부처 탄신일도 음력 4월 초파일이 아니라 양력 4월 8일로 정하고 있다. 이렇게 일본은 과거 역사를 자신들만의 문화로 만들어갔다. 대표적인 몇 가지 사례를 살펴보자.

어느 나라든 현재는 총체적으로 과거의 영향을 받아 존재한다. 일본 역시 그러하다. 물론 과거의 일부 사실만 가지고 역사의 흔적을 말하는 것이 적절하지 않을 수도 있겠지만, 일본 사회 이해에 도움이 될 만한 몇 가지 흥미로운 사실을 살펴보도록 하자.

과거 지배층 가문 출신의 세습 정치
일본은 과거에 지금의 현에 해당하는 '번(藩)'이라는 지방 자치 조직이 있었다. 현대 일본 정치인 중에는 이 번(藩)의 지배층 가문 출신들이 다수 활동하고 있다. 대표적인 가문이 조슈 출신의 아베 가문과 사쓰마 출신의 고이즈미 가문이다. 두 가문 모두 총리 등 정치 지도자를 다수 배출했다. 아소 가문의 경우에는 구마모토를 배경으로 갖고 있다. 이 외에도 정치적 영향력을 지금까지 세습하는 집안들이 많이 있는 편인데, 하토야마 가문, 후쿠다 가문 등이다.

화(和)를 중시하는 인간관계

일본은 전통적으로 '화(和)'를 중시하여 집단 내 갈등을 피하고자 하는 노력을 기울여 왔다. 이에 따라 개인들은 자신의 감정을 밖으로 드러내는 것을 극히 피하고자 한다. 자신의 혼네(本音) 즉, 본심을 숨기고, 겉치레 즉, 다테마에(建前)로 표현하는 것이 몸에 배어 있어 오늘날에도 인간관계에 큰 영향을 주고 있다.

서구 문화 지향성

일본은 근대화 시기 소위 '탈아입구(脫亞入毆: 아시아를 벗어나 유럽으로 들어간다) 정책'을 유지했다. 그 과정에서 동양적인 것들을 버리고 서구의 것들을 적극 받아들였다. 대표적인 예가 음력의 폐기이다. 그래서 부처 탄신일인 4월 초파일을 그냥 양력 4월 8일로 하고 있다. '오봉'이라는 명절도 있는데 우리의 추석처럼 조상 성묘를 하는 날이다. 이 역시 양력 8월 15일이다. 한여름 성묘를 하는 셈이다. 재미있는 현상이다.

교토에 대한 자부심

일본은 오랜 기간 쇼군이 통치하고 천황은 상징적으로 존재하였다. 비록 천황이 현실 정치를 하지는 않았지만, 일본에서 조정이라고 한다면 교토의 천황 세력을 지칭하는 것이었다. 따라서 천황이 오래 머물렀던 교토의 사람들은 지금도 교토를 수도라고 여기며, 이에 따른 자부심을 매우 크게 가지고 있다고 한다.

해외 먹거리의 일본화

근대화로 해외 문물이 들어오면서 해외 먹거리들도 함께 유입되었는데, 일본은 많은 먹거리들을 일본화하여 독특하게 개발하였다. 대표적인 음식이 포르투갈 상인을 통해 들어와 나가사키의 명물이 된 카스테라, 서양의 커틀

릿트에 일본식 덴푸라 튀김 옷을 입혀 만든 돈까스, 중국의 탕육면이 나가사키에 들어가서 만들어진 나가사키 짬뽕 등이다. 인도의 카레를 일본식 덮밥과 결합하여 만든 카레라이스도 일본이 개조한 음식이라 할 수 있겠다.

53. 일본어에 관한
몇 가지 흥미로운 이야기

일본어는 다른 외국어에 비해 비교적 배우기 쉬운 편이다. 지리적으로도 이웃사촌이지만 언어도 우리 말과 매우 가까운 이웃사촌 격이기 때문이다. 일본어가 우리말과 같고 다른 점은 무엇일까?

일본을 방문하면 당연히 일본어를 자주 접한다. 그래서 일본어를 조금 안다면 한결 즐겁고 쉬운 여행이 될 것이다. 그러나 일본어에 익숙하지 않더라도 일본어에 대한 몇 가지 흥미로운 내용만 기억해도 상당히 도움이 될 것으로 생각한다. 다음은 일본어 표기나 발음에 대한 몇 가지 특성을 살펴본 것이다.

이웃사촌 같은 일본어

일본어는 세계에서 우리 말과 가장 가까운 언어이다. 그만큼 다른 언어에 비해서 배우기가 쉽다는 뜻이다. 문장 구조도 우리 말과 같고, 조사를 활용해서 단어의 역할을 부여하는 것도 같다. 동사 변화, 경어의 발달 등도 흡사하다. 저자는 30대에 일본어 공부를 시작하였고, 40대에 중국어 공부를, 그리고 60대에 베트남어 공부를 시작하였다. 각 언어의 난이도를 비교해 볼 때, 일본어가 '1'이라면 중국어는 난이도가 '3'은 되는 것 같다. 영어는 '10' 정도가 아닐까 싶다. 영어는 그만큼 우리말과 거리가 멀어서 어려운 듯하다. 그럼 베트남어는? 공부를 시작한 지 오래되지 않아 판단이 어려운데, 중국어보다는 어렵고, 영어보다는 쉽지 않을까 생각된다.

여하튼 노력이 덜 필요하고 정보가치가 높은 일본어 공부를 하는 것은 경제적인 시간 투자인 것 같다.

한글 표기의 헷갈림 ('ㄷ'와 'ㅌ'의 예를 중심으로)

일본의 수도는 동경(東京)이다. 일본어로는 'とうきょう'이다. 영어로는 Tokyo 로 쓴다. と가 일본어 발음으로 '토'이기 때문이다. 그런데 이를 우리말로 옮길 때는 외국어 표기 표준에 따라 이를 '도'로 표기한다. 일본어 발음

그대로 한다면 '토오쿄오'가 맞을 듯한데, 언어 전문가들이 두음의 'と'는 '도'로 하기로 표준을 정했기 때문에 현재 '도쿄'로 쓰고 있다. 이와 유사하게 풍신수길(風臣秀吉)도 'Toyotomi Hideyoshi'인데 토요토미가 아니라 도요토미로 표기하고 있다. 언어학적으로 이유가 있겠지만, 우리 국민의 발음을 부정확하게 만든 것은 아닌지 의구심이 든다.

F와 Z 발음하기

음료 중에 '환타'가 있다. 영어로는 'Fanta'이다. 영어의 'Fa'가 우리말로 '화'가 된 것이다. 아마 이는 그 이름이 일본을 거쳐 왔기 때문인 것 같다. 우리나라에서는 P와 F를 구별해서 표기하지 못한다. 그런데 일본 사람들은 나름 F를 구별해서 표기하고 있다. 즉 'ファ'라고 쓰면 이를 'Fa'라고 받아들인다. 그래서 Fanta를 일본에선 'ファンタ'로 표기하는데, ファ의 발음이 '후아'이다. 우리나라로 들어올 때 그 일본어를 번역해서 들여오다 보니 '환타'라는 발음이 된 것이다.

도쿄의 중심지 중 하나로 우리가 잘 아는 '긴자'가 있다. 한자로는 '銀座'인데, 일본어로는 'ぎんざ'이고, 영어는

'Ginza'로 표기한다. 여기의 'za'를 우리 한국 사람은 정확하게 발음하기 힘들다. 우리 말에는 'z' 발음이 없기 때문이다. 그런데 일본 사람들은 그걸 구별한다. 우리가 '자'를 발음하면 일본 사람들은 'za'로 들리지 않고 'jia'로 들린다고 한다.

장음과 단음

앞에서도 설명한 바와 같이 우리말에는 장음과 단음 구별이 뚜렷하게 없지만 일본은 이를 명확하게 표현한다. 일본어에서는 장음을 표현할 때는 'h'를 넣거나, 모음을 두 번 적어 준다.

일본의 유명한 경제 평론가 중 '오마에'라는 분이 있는데, 한자로는 '大前'이다. 일본어로는 'おおまえ'이고, 영어로는 'Ohmae'라고 표기한다. 둘 다 '오'를 장음으로 표기하고 있다. 그런데 우리말로는 장음 표기 없이 '오마에'로 표기한다. 그런데 그 분을 장음 없이 '오마에'라고 짧게 부르면 'お前'가 되어 버린다. 그 뜻은 '너'이기 때문에 상대에게 큰 실례가 되는 것이다. 그걸 방지하기 위해서는 우리말 표기할 때 '오오마에'라고 해야 하는 데 관행적으로 그렇게 하지는 않고 있다.

일본 사람들 발음이 우리 듣기에 부정확한데, 반대로 일본 사람들이 우리 발음을 들을 때도 똑같은 느낌이 들지 않을까 모르겠다.

훈독과 음독

일본어에서 한자 읽기는 음독과 훈독이 있다. 그러니까 '소리 읽기'와 '뜻 읽기'의 두 가지 방식이 있다는 거다. 예컨대 '大原'이라는 한자가 있을 때 우리는 언제나 '대원'으로 읽는다. 우리 말에서는 한자마다 정해져 있는 그 음대로 읽기 때문이다. 그런데 일본어에서는 한자를 써 놓고 때로는 음으로 읽고, 때로는 뜻으로 읽는다. 즉 '大原'의 경우, 음독을 하면 '다이겐'이 되고, 훈독을 하면 '오오하라'가 된다. 일본어에서 大의 음은 '다이'이고, 原은 '겐'이기 때문에 음독을 하면 '다이겐'이 되는 것이다. 그런데 大가 뜻으로는 '크다'라는 의미의 '오오'이고, 原은 '벌판'이라는 의미의 '하라'이다. 따라서 훈독을 하면 '오오하라'가 되는 것이다. 오오하라(大原)라는 성(姓)이 있는데, '오오하라상'이라고 부른다면, '너른 들판씨'라고 부르는 셈이다. '다나카(田中)상'이라고 부른다면 그건 '밭가운데씨'라고 부르는 셈이다. 좀 더 목가적이라고나 할까?

일본어에서 한자 읽기를 음독할 것인가 훈독할 것인가는 대충의 관행이 있어 크게 불편하지는 않다. 하지만 케이스 바이 케이스(Case by Case)가 많아서 일본 사람들은 명함에 한자 이름과 가나 발음을 병기하곤 한다.

7장

역사의 향기를 느낄 수 있는
도시를 찾아서

수도 도쿄는 근대 유적의 보물 창고
도쿄 근교 가볼 만한 역사 유적지는?
일본의 정신적 수도 교토(京都)
도요토미 히데요시의 도시 오사카(大阪)
고대 역사의 향기 가득한 나라(奈良)와 아스카(飛鳥)
물류와 상업의 도시 나고야(名古屋)
매력 있네, 한반도와 가까운 규슈 지방
그밖에 찾아보면 좋을 도시들

54. 수도 도쿄는
근대 유적의 보물 창고

 도쿄는 일본의 수도다. 전국에서 가장 큰 도시이자, 세계에서도 손꼽히는 규모를 자랑한다. 그래서 해외 여행지로도 인기다. 도쿄는 특히 근세 및 근대 역사 유산의 보물 창고다. 그만큼 에도와 메이지 유신 시대의 역사 유적이 많은 곳이라는 뜻이다.

도쿄의 옛 이름은 에도(江戶)이다. 원래 에도는 이름 없는 변방이었다. 당시 역사의 중심이었던 교토, 오사카 등이 소재한 긴키 지방에서 멀리 떨어져 있었다. 땅은 넓었지만 농업 생산력이 형편없었다. 물에 염분기가 많고, 늪지가 많아 농사에 적합하지도 않은 땅이었다.

그런데 도쿠가와 이에야스가 도요토미 히데요시의 명에 따라 1590년 이곳으로 오게 된 후부터 달라졌다. 이에야스는 막대한 노력을 기울여 이 지역을 개발하였다. 자신이 쇼군이 된 이후에도 계속 에도를 통치의 중심으로 삼았다. 에도는 그 이후부터 일본 역사의 중심이 된 것이다.

그래서 도쿄를 여행한다면 특히 일본 근세 유산, 즉 에도 시대의 유적과 메이지 유신 이후의 근대 역사 유적들을 둘러보기에 좋다. 그와 관련된 주요 방문지를 한번 정리해 본다.

황거(皇居)

황거(일본 발음으로 고쿄)는 에도 막부 시절 도쿠가와 쇼군이 거처하던 곳이다. 현재는 일본 천황이 살고 있다. 황거는 도쿄 중심의 치요다구(千代田區)에 위치하며, 가까운 곳에 긴자, 마루노우치, 가세미가세키, 히비야 공원, 야스쿠니 신사 등의 명소들이 있다.

황거는 매우 넓은 공간을 차지하고 있는데, 해자 등과 어울려 뛰어난 경관을 자랑한다. 히가시교엔(東御苑) 등 일부 지역은 일반인 참관도 가능하니 반나절 정도 천천히 둘러보면 좋을 것 같다.

사꾸라다몬(櫻田門)

황거에 있는 여러 문(門) 중 하나인데 역사의 현장이란 의미로 들러 보면 좋을 곳이다. 1860년 개국 이후 혼란기에 당시 막부의 다이로(大老)였던 이이 나오스케(井伊直弼)가 이곳에서 암살되었다.

1932년에는 이봉창 의사가 일본 천황 차량에 폭탄을 던진 장소이기도 하다.

메이지 신궁(明治神宮)

메이지 천황의 능은 교토에 있다. 그러나 도쿄에도 기념 시설이 필요하다는 차원에서 메이지 천황과 그 왕비를 모시는 신사를 1912년 건설하였다. 한국인으로서 참배의 의미로 갈 수는 없을 테고, 메이지 유신 역사에 대한 이해를 목적으로 방문해 볼만한 곳이다. 아름드리나무 등 자연환경이 매우 뛰어나다. 신주쿠, 시부야 지역을 갈 때 잠깐 들르기 좋은 위치에 있다.

에도 도쿄 박물관

에도와 도쿄의 잃어 가는 역사, 문화에 관한 자료들을 보존하기 위하여 1993년에 세운 박물관이다. 에도 역사 400년간의 생활 모습 등을 복원시켜 놓아서 아주 편하게 구경할 만하다. 지하철 료고쿠(兩國) 역에서 가깝다.

우에노(上野) 공원과 사이고 다카모리(西鄕隆盛) 동상

일본의 메이지 유신은 막부를 타도하고자 하는 세력(토막파)이 득세하면서 이루어진 결과이다. 1886년 막부군과 토막군이 최후의 결전을 앞두고 있었는데, 막부군의 거점이었던 장소가 바로 우에노 공원이다. 원래는 쇼군이었던 도쿠가와 집안의 정원이어서 그 가문의 유적들이 많다.

애견과 함께 서 있는, 토막파의 지도자였던 사이고 다카모리의 동상도 유명하다.

우에노 공원은 이 외에도 호수, 박물관, 미술관, 동물원 등이 있어 꼭 한번은 가볼 만한 곳이다.

에도 도쿄 건축 박물관

에도 시대의 건축물들을 모아 놓은 야외 박물관이다. 도쿄 여행 시 시간 여유가 있다면 짬을 내어 에도의 분위기를 느껴보는 것도 좋을 것이다.

도쿄 중심에서 쥬오선(中央線)을 타고 1시간가량 가면 고가네이시(小金井市)가 있는데, 고가네이시 공원 안에 자리 잡고 있다.

도쿄 황거

사이고 다카모리 동상

55. 도쿄 근교 가볼 만한 역사 유적지는?

 도쿄를 둘러본 후 시간 여유가 있다면 어디를 가보면 좋을까? 도쿄 근교 가볼 만한 곳으로는 가마쿠라, 시즈오카, 닛꼬, 요코하마, 시모다 등을 꼽을 수 있겠다. 특히 요코하마는 우리나라 인천처럼 수도와 가까운 최초의 개항장이어서 옛 유적들이 다수 남아 있다.

도쿄 근교에는 일본 역사와 관련한 크고 작은 유적들이 많이 남아 있다. 도쿄를 방문할 때 하루 이틀 시간을 내어 둘러본다면 재미를 더할 것이다.

가마쿠라

일본 고대 역사의 중심은 규슈 지역과 교토 인근의 긴키 지역이었다. 그러다 막부 시대가 열리면서 중세 역사가 처음 시작되었다. 일본의 3개 막부 중 첫 번째 막부가 도쿄와 가까운 가마쿠라에서 자리를 잡았다.

가마쿠라는 가나가와현 바닷가의 작은 도시이다. 막부의 흔적은 거의 찾아볼 수 없지만, 당시에 세워졌던 사찰들이 다수 남아 있다. 특히 가마쿠라 대불이 유명하다. 가마쿠라는 도쿄에서 가까워 도쿄 시민들이 당일 여행으로 많이 간다. 가마쿠라 바로 옆에는 유명 여행지인 '에노시마'와 해변을 달리는 기차 '에노덴' 등이 있어 함께 즐기면 좋을 것 같다.

특히 가마쿠라에는 다음과 같은 역사 유적들이 있다.

① 주요 사찰: 켄쵸지(建長寺), 엔가쿠지(円覺寺), 고토쿠인(高德院), 주이센지(瑞泉寺), 호코쿠지(護國寺)

② 가마쿠라 대불: 고토쿠인(高德院)에 있는 커다란 불상

③ 쓰루가오카 하치만구(鶴岡八幡宮)

④ 미야모토노 요리토모(源賴朝) 묘소

시즈오카

도쿠가와 이에야스는 세키가하라 전투에서 이겨 정권을 잡고 에도 막부를 개창한 후, 얼마 안 있어 1605년 쇼군 자리를 3남 히데타다(秀忠)에게 물려주고 줄곧 슨푸성(駿府城)에 머물며 지냈다. 슨푸성은 시즈오카에 있는데

이에야스가 어린 시절 인질로 살았던 곳이기도 했다.

메이지 유신으로 막부가 문을 닫게 되자 마지막 쇼군이었던 도쿠가와 요시노부(德川慶喜)도 막부의 여러 대신과 함께 이 시즈오카에 내려와 살았다.

오늘날 슨푸성은 잘 정비된 공원으로 이에야스의 동상이 서 있다.

요시노부가 살았던 저택은 현재 자그마한 호텔(그랜드 스퀘어 호텔)로 바뀌었는데, 당시의 정원 등은 지금도 감상이 가능하다. 슨푸성 및 시즈오카역과 가까운 거리에 있다.

닛꼬(日光)

닛꼬는 도쿄에서 그리 멀지 않은 관광지로 유명한 곳이다. 특히 단풍철에 많은 사람들이 방문한다. 닛꼬에는 도쇼구(東照宮)가 있는데, 에도 막부를 열었던 도쿠가와 이에야스의 위패를 모신 곳이다.

요코하마의 칸나이(關內) 및 야마테(山手) 지역

요코하마는 우리나라 인천과 같은 곳이다. 수도와 가까이 있으면서 최초의 개항장이었던 도시다. 요코하마 칸나이(關内) 지구에는 개항 자료관, 미일 화친조약 조인지, 영사관터 등 당시 유적들을 다수 볼 수 있다. 여기서 멀지 않은 야마데 지구에는 선교사들 저택 등 근대 건물들이 많이 남아 있고, 멋진 공원도 조성되어 있다. 세계적인 규모를 자랑하는 차이나타운이 가까운 곳에 있다. 또한 요코하마 항구를 재개발하여 시민들의 휴식 공간으로 조성한 MM21 지역도 둘러볼 만하다.

이즈반도 시모다(下田) 흑선 기념비

도쿄 남서쪽 이즈반도 끄트머리에 시모다(下田)라는 작은 도시가 있다. 이곳은 1853년 일본 개항을 요구하기 위해 페리 제독이 이끄는 미국의 해군 함정이 왔던 장소로 기념비가 세워져 있다. 그다음 해 1854년 시모다 조약이 체결되었다.

가마쿠라 대불

56. 일본의 정신적 수도 교토(京都)

 일본에서 역사 도시로 교토를 빼놓을 수 없다. 교토는 794년 칸무 천황이 천도하여 옴으로써 수도가 된 곳인데, 나열하기 힘들 만큼 많은 역사 유적을 가지고 있다. 한마디로 일본의 정신적 수도이다. 윤동주, 정지용 시비도 여기에 있다. 교토에서 특히 가볼 만한 역사 유적은 무엇일까?

교토는 794년 칸무 천황이 헤이죠쿄(지금의 나라)에서 천도하여 옴으로써 일본의 수도가 되었다. 그 후 1185년 가마쿠라 막부가 시작될 때까지 약 400년 기간을 헤이안 시대라고 부른다. 천황은 헤이안 시대까지는 현실적 통치자로서 군림하였으나, 막부가 시작된 이후부터는 현실 정치에 대한 권력이 없어졌다. 그러나 여전히 천황으로서의 권위는 유지하였고, 천황이 살고 있던 교토는 계속 수도로서 받아들여져 왔다.

그러다 보니 교토는 긴가꾸지(銀閣寺), 킨가꾸지(金閣寺), 기요미즈데라(淸水寺) 등 나열하기 힘들 정도로 너무나 많은 역사 유적을 가지고 있다. 여기서는 오히려 비교적 덜 알려진 역사 장소들을 중심으로 얘기해 보자.

무로마치(室町) 막부 터

가마쿠라에 이어 두 번째 막부가 무로마치 막부다. 아시카가 집안이 쇼군을 맡은 무로마치 막부의 본부가 교토였다. 막부 위치는 도시샤(同志社) 대학원이 있는 자리라고 하는데, 그 흔적은 남아 있지 않다. 겨우 뒷골목의 거리 이름, 무로마치 도오리로 남아 있을 뿐이다. 무로마치 우체국 같은 시설도 있다. 교토 고쇼에서 멀지 않기 때문에 가볍게 들러 역사의 허망함을 느껴 보는 것도 재미있을 듯하다.

윤동주, 정지용 시비(詩碑)

도시샤 대학은 기독교에서 세운 대학으로 일본 최초의 사립대학이다. 캠퍼스는 크지 않지만 예스럽고 멋진 건물들이 있어 잠시 들를 만하다. 특히 도시샤 대학은 윤동주, 정지용 두 시인이 다녔던 학교로 캠퍼스 한편에 두 시인의 시비(詩碑)가 나란히 세워져 있다.

윤동주 시비

정지용 시비

니죠죠(二條城)

니죠죠는 교토 중심에 있는 성(城)인데 교토 방문객이라면 누구나 한 번쯤은 가볼 것이다. 니죠죠를 방문하기 전에 그 역사적 배경을 알고 가면 더욱 흥미로울 것 같다.

이 성은 원래는 오다 노부나가가 교토를 점령한 이후 자신의 저택이자 막부의 본부로 삼아 건설하였다. 이 건물은 나중에 불에 타 버렸는데, 도쿠가와 막부가 들어선 후 새로 축성하였다. 도쿠가와 이에야스는 전국 통일 후 국가 운영 시책의 선포를 여기서 하였고, 도쿠가와 막부 마지막 쇼군이었던 요시노부가 천황에게 권력을 되돌려 준다는 소위 대정봉환(大政奉還) 발표도 이곳에서 하였다.

혼노지(本能寺)

혼노지는 오다 노부나가가 자신의 부하인 아케치 미쓰히데의 공격을 받아 사망한 곳으로 유명하다. 당시의 혼노지는 불타 없어졌고, 현재의 건축물은 도요토미의 명으로 자리를 옮겨 새로 건설한 것이다.

료마(龍馬) 암살지

사카모토 료마(坂本龍馬)는 메이지 유신 과정에서 매우 중요한 역할을 한 인물이다. 특히 조슈번과 사쓰마번이 동맹을 맺도록 하여 막부 타도의 중심 세력이 되게 하였다.

료마는 대정봉환 1개월 후 교토의 오미야(近江屋)라는 여관에서 암살당했다. 가와라마치역 근처의 그 장소에는 지금 기념비만 하나 세워져 있다. 료마의 무덤은 교토의 히가시야마(東山)에 있다.

코 무덤(미미츠카, 耳塚)

교토에 조선과 깊은 관계가 있는 역사 유적이 하나 있다. 바로 코 무덤이다. 임진왜란 중에 왜군은 전과를 보고

하기 위해 조선인의 귀와 코를 베어 일본으로 보냈는데, 이를 무덤으로 만들었다. 약 3만 명에서 5만 명분의 것이라고 한다. 즐거운 여행길이지만 잠시 들러 경건한 마음으로 그들의 명복을 빌어보는 것도 의미가 있을 듯하다.

57. 도요토미 히데요시의 도시 오사카(大阪)

 오사카는 우리에게도 많이 알려진 유명 관광 도시다. 항구 도시로 교통 무역의 중심지다. 맛집이 많고, 감성을 자극하는 볼거리가 가득하다. 특히 이 도시는 **도요토미 히데요시의 도시**라고도 하는데 그 이유는 무엇일까?

아스카 시대에 고토쿠 천황은 소가씨 세력을 제거한 후 아스카를 벗어나 나니와(難波)에 궁을 세웠다. 그렇게 시작한 오사카는 그 이후에도 중요한 항구 도시로서 교통 무역의 중심지였다. 그러나 오사카는 무엇보다도 도요토미 히데요시의 도시이다. 그는 강력한 불교 세력의 본거지였던 혼간지(本願寺)를 파괴하고, 그 자리에 오사카성을 건설하였다. 오사카는 천황이 거처하던 교토와도 멀지 않고, 경제의 중심지였기 때문에 자리를 잡은 것이다. 에도 시대에도 오사카는 경제 도시로서 전국의 쌀과 물자가 집결하는 유통의 허브 역할을 담당하였다.

오사카성과 역사박물관

원래 혼간지(本願寺)는 교토에 있었는데 불타버렸다. 이후 오사카에 이시야마 혼간지(石山 本願寺)를 세우고 강력한 세력을 키웠는데, 오다 노부나가와 싸워 패한 후 건물들은 불에 타 폐허가 되어버렸다. 이 자리에 도요토미가 오사카성을 지었다. 15년에 걸친 대규모 공사였으며 화려한 장식과 견고함으로 유명하다. 오사카성 한편에는 역사박물관이 있는데, 1천여 년 오사카 역사를 모형, 영상 등으로 소개하고 있다.

사카이시(堺市) 고분

오사카부 사카이시에는 일본 최대 규모의 고분이 있다. 공식 명칭은 다이센료(大仙陵) 고분이다. 전형적인 전방후원분으로 제16대 닌토쿠 천황의 능으로 추정하고 있다.

사카이역이나 미쿠니가오카역에서 내리면 10여 분 거리이다. 사카이 시청 건물 21층의 전망대에 올라가면 고분 전체를 내려다볼 수 있다.

조선통신사 유적

조선통신사는 오사카까지는 바다 항로를 이용하였고, 오사카에서 상륙하여 육로 혹은 강을 이용하여 이동하였다. 오사카 역사박물관에는 조선통신사 관련 유물들을 전시하고 있는데, 조선통신사가 머물렀던 사찰, 행렬이 지나갔던 흔적들이 군데군데 남아 있다.

난바궁터 (難波宮跡)

나니와는 야마토 시대부터 해상교통의 요지로서 역할을 했고, 난바궁이 일시적으로 수도 역할을 하기도 했다. 오늘날에는 '나니와' 대신, '난바'라고 발음하는데, 부근 성터는 특별 사적지로 지정되어 있다.

오사카성

58. 고대 역사의 향기 가득한 나라(奈良)와 아스카(飛鳥)

 나라 지방과 아스카는 고대 역사의 향기를 맛볼 수 있는 최적의 장소다. 일본 고대 역사의 중심지였기 때문에 세계문화유산으로 등재된 곳이기도 하다. 특히 호류지는 담징의 금당 벽화로 유명하다. 이 외 도다이지 대불전, 고분 등도 볼만하다.

나라(奈良)는 오사카와 교토에서 약 1시간여 떨어져 있다. 나라 지방은 고분 시대, 아스카 시대, 나라 시대 등 일본 고대 역사의 중심이었다. 고분 시대에 야마토국(大和國)이 성립하였으나 초기 중심지가 어디인지는 불분명하다. 그러다 야마토국은 아스카 지방으로 이주하여 아스카 시대를 열었다. 이후 지금의 나라시에 위치한 헤이죠쿄(平城京)로 천도하여 나라 시대가 되었다. 나라 시대는 710년부터 794년까지 80여 년의 기간이다.

오늘날 아스카는 나라시의 작은 한 지역이다. 아스카는 일본 고대 국가가 성립하고 꽃 피웠던 지역이었으나 현재는 자그마한 농촌 마을에 불과하다. 그러나 일본 천황들의 능들이 산재해 있고, 역사 유적이 군데군데 있어 일본 역사를 느끼고 싶다면 가볼 만한 고장이다.

나라 도다이지(東大寺)

도다이지는 8세기에 쇼무 천황이 불교의 힘으로 국가적 재난과 혼란을 극복하기 위해 세웠다고 한다. 도다이지의 대불전은 세계에서 가장 큰 목조 건물이다. 그 안에 모셔져 있는 비로자나불의 청동상 역시 거대한 규모를 자랑한다.

호류지(法隆寺)

유네스코 세계문화유산으로 등재된 호류지는 담징의 금당 벽화로 우리나라 사람들에게 많이 알려져 있다. 7세기에 창건된 것으로 알려져 있으며, 아스카 양식의 대표적 절로서 백제 목조 건축 양식의 영향을 많이 받은 것으로 추측된다. 금당 벽화뿐만 아니라 한쪽 끝에 '백제관'이라는 이름의 박물관이 있는데, 금당 벽화 모사본, 백제 관음상, 쇼토쿠 태자상 등이 전시되어 있다.

JR 나라역에서 오사카 방향으로 일곱 정거장 가면 JR 호류지역이 있다.

헤이죠쿄(平城京) 옛터

나라시 서쪽 지역에 헤이죠쿄 옛터가 있다. 나라 시대에 수도였던 이곳은 당나라 장안을 모방하여 장방형으로 계획된 도시였다. 이 지역은 유네스코 세계문화유산으로 등재되어 있는데, '헤이죠규(平城宮) 자료관'이 있어 여러 역사적 정보를 접할 수 있다.

아스카 고분군

아스카는 오사카 또는 나라 중심에서 1시간여 거리다. 아스카는 고대 정치의 중심지였기에 많은 고분들이 남아 있다. 특히 아스카 지방의 고분은 오사카 등 다른 지역의 고분과는 달리 한반도 백제, 고구려의 흔적이 짙다고 알려져 있다.

59. 물류와 상업의 도시 나고야(名古屋)

 나고야는 일본에서 네 번째로 큰 도시지만 역사는 짧은 편이다. 에도 시대 주요 교통로의 중심이어서 물류와 상업이 발달했다. 역사 유적으로 나고야성과 기요스성 등이 많이 알려진 편이다.

나고야(名古屋)는 일본에서 네 번째로 큰 도시이지만, 역사는 짧은 편이다. 도쿠가와 이에야스는 오사카에 근거지가 있던 도요토미 세력을 견제하기 위해 나고야에 성을 새로이 쌓았다. 이에야스는 나고야 인근 오카자키에서 태어났기 때문에 이 지역을 잘 알고 있어 전략적 요충지로 선택할 수 있었다고 한다.

나고야는 에도 시대에 오와리번(尾張藩)의 중심이었다. 또한 주요 교통로였던 도카이도의 중심이기도 해서 물류와 상업이 발달하였다.

나고야성

나고야성은 도쿠가와 이에야스가 축성한 성으로 오와리번의 중심지였다. 현재는 시민들의 휴식 공간인 공원으로 활용되고 있다.

기요스성(淸洲城)

나고야성이 건설되기 전 오와리 지방의 중심 역할을 했던 곳이다. 오다 노부나가가 젊은 시절 거처하기도 한 성이어서, 노부나가의 흔적을 찾아볼 수 있는 역사적 장소이다.

나고야시 히데요시 기요마사 기념관

오와리 지방 출신의 무장인 도요토미 히데요시(豐臣秀吉)와 카토 기요마사(加籐淸正)에 관한 자료를 전시하고 있는 기념관이다.

60. 매력 있네. 한반도와 가까운 규슈 지방

규슈 지방은 우리나라와 거리가 가장 가까운 곳이다. 그래서 역사적으로 교류가 많았다. 여행객들이 많이 찾는 후쿠오카를 비롯, 소도시 여행으로 적합한 미야자키, 사가, 나가사키, 가고시마 등이 이 지역에 몰려 있다. 우리와 친숙한 규슈에는 어떤 이야기들이 숨어 있을까?

한국 사람들이 많이 찾는 규슈는 우리나라와 거리가 가까워 역사적으로도 긴밀한 관계를 유지했다. 일본 역사상 규슈는 크게 두 시대에서 두드러진다. 첫 번째는 고대 시대에 한반도와의 교류를 통해 문화를 열어가던 시기이고, 두 번째는 에도 말기 시대 서구 문명을 받아들여 일본 근대화를 앞장서서 이끌어 가던 시기이다. 이 지방에서 역사 시기별로 특히 두드러졌던 사건과 관련된 지역들을 살펴보자.

천손강림 설화와 가라쿠니다케(韓國岳): 미야자키(宮崎)

규슈 미야자키현에 있는 가라쿠니다케는 일본 건국 신화의 무대이다. 가야의 설화 내용과도 유사하다. 일본 고사기에도 이 지역이 '한국을 향한다'라고 언급되어 있어 한반도와의 연관성을 시사한다.

벼농사 전래와 요시노가리(吉野里): 사가(佐賀)

규슈 북쪽 사가현에 위치한 '요시노가리 역사공원'은 일본 야요이(弥生) 시대의 테마 공원이다. 야요이 시대는 한반도 등 외부에서 넘어온 사람들이 씨족 단위의 촌락을 형성하고 금석기를 병용하여 쌀농사를 짓기 시작한 시기다. 이러한 야요이 문화는 규슈 북부에서 시작하여 혼슈 북부까지 퍼져 나갔다.

한반도 백제 멸망과 다자이후(太宰府): 후쿠오카(福岡)

백제 사비성이 무너진 이후에도 백제 부흥의 움직임은 끊이지 않았다. 그중 하나가 일본의 원군이었다. 일본은 400여 척의 배에 27,000여 명의 병력을 보냈다. 그러나 백촌강 전투에서 나당 연합군에게 궤멸, 패퇴하였다.

쫓기듯 일본으로 돌아온 그들은 나당 연합군이 자기들을 추격하여 올 것을 걱정하였다. 그래서 여러 곳에 산성을 구축하고 이를 총괄하는 츠쿠시(筑紫) 도독부를 설치하였는데, 이것이 다자이후의 유래이다.

몽고 침입과 원구 방루(元寇 防壘): 후쿠오카(福岡)

후쿠오카의 해변에는 원구 방루가 여러 곳 남아있다. 원구는 '원나라 오랑캐'라는 의미인데, 원나라 즉 몽고 침입에 대비한 방벽이다. 이를 보면 당시 일본이 대륙의 몽고 세력에 대해 얼마나 큰 두려움을 가졌는지 알 수 있다.

임진왜란 왜병 기지, 히젠 나고야(肥前 名護屋): 사가(佐賀)

조선을 침략하기 위하여 도요토미는 전진 기지를 건설하였다. 가라쓰(唐津)에서 가까운 곳에 새로이 성을 쌓고 이름을 나고야(名護屋)라고 하였다. 1593년 봄, 16만 병력이 차례차례 이곳에서 출병하였다.

나고야 성터에는 박물관과 산책로가 잘 조성되어 있다. 박물관 전시 내용은 한일 우호 성격을 강조하는 등 매우 중립적으로 역사를 기술하고 있다.

히젠나고야 성터

조선 도공들의 흔적: 아리타(有田), 가고시마(鹿兒島)

임진왜란 당시 조선 도공들이 일본으로 많이 끌려가 도자기 문화를 크게 발달시켰다. 대표적 유적으로 아리타(有田)의 이삼평 기념비와 가고시마(鹿兒島)의 심수관 도요지가 있다.

이삼평 비석

서구 문물의 유입 창구 데지마(出島): 나가사키(長崎)

일본도 조선과 같이 에도 시대에 쇄국정책을 통해 원칙적으로 외부와 교류를 하지 않았다. 그러나 나가사키의 특정 지역에 국한해 서구 선박들이 들어올 수 있도록 함으로써 서구의 문물과 정보를 받아들일 수 있었다.

그곳은 나가사키의 데지마(出島)라고 하는 작은 섬인데 여기서 외부 사람들이 머물 수 있도록 하였고, 허가된 일본인들만 출입할 수 있게 했다.

메이지 유신의 고향: 가고시마(鹿児島)

가고시마는 규슈 최남단의 도시이다. 에도 시대에는 사쓰마(薩摩)번이었고, 시마즈(島津) 가문이 다이묘를 맡아왔다.

1863년 사쓰마번은 영국과 전쟁을 치렀는데, 이때 큰 피해를 당해 서구의 힘을 뼈저리게 느끼게 되었다. 사쓰마번은 변방에 위치하였지만 중계 무역이 활발해 탄탄한 경제력을 갖추어 근대화에 앞장섰다. 따라서 일본 근대화 시기에 활발히 활동한 인물을 다수 배출하였는데, 대표적 인물이 사이고 다까모리(西鄕隆盛), 오쿠보 도시미치(大久保利通) 등이다.

61. 그밖에 찾아보면 좋을 도시들

 도쿄, 교토, 오사카, 나고야 등 유명 도시만 역사의 전부가 아니다. 지방 소도시 중에도 아름다운 역사의 향기를 맡을 수 있는 곳이 많다. 하지만 일일이 다 열거할 수가 없다. 그래서 특히 관심을 가질만한 도시 몇 군데를 추려서 꼽아 본다.

어느 지방이든 역사 없는 도시가 있겠는가? 하지만 그 지역들을 모두 다룰 수는 없다. 그래서 여기서는 역사적 관점에서 둘러보기에 유익한 소도시 몇 군데를 골라서 살펴보기로 한다.

선사시대 마루야마(丸山) 유적: 아오모리(青森)

아오모리에는 고대 조몬시대 대규모 주거 유적이 남아 있다. 전시관에서 구석기 시대의 생활상과 예술품 등의 관람이 가능하다.

야요이 유적이 있는 고진다니(荒神谷) 고분 등:
시마네(島根) 이즈모(出雲)

이 지역에는 야요이 유적으로 청동기가 출토된 고진다니 고분들이 있다. 청동기의 납 성분을 조사한 결과 야요이 초기에는 한반도산이 쓰였고, 중후기에는 중국산이 사용되었다고 한다. 고대 시대의 교역 관계를 추측해 볼 수 있는 대목이다.

세키가하라 전장터: 기후(岐阜)

임진왜란이 끝나고 2년 후, 1600년 일본의 역사를 바꾸는 대전투가 일어났다. 도요토미 히데요시 세력의 서군과 이에 대항하는 도쿠가와 이에야스의 동군이었다. 이 싸움에서 도쿠가와 세력이 이겨 에도 막부가 시작되었다.

세키가하라는 나고야에서 교토로 넘어가는 고개에 있다. 재래선 열차가 다니는 작은 세키가하라역이 있는데, 여기서 10여 분 거리를 가면 '고전장(古戰場) 기념관'이 나온다.

일본 근대화의 산실 소카손주쿠(松下村塾): 야마구치(山口)

　야마구치의 옛 이름은 조슈(長州)번이다. 사쓰마와 동맹을 맺어 막부를 무너뜨렸고, 일본 근대화 과정에서 중요한 역할을 담당했던 인물들을 다수 배출하였다. 그 대표적 인물들이 기도 다카요시, 이토 히로부미, 다카스기 신사쿠 등인데, 이들은 모두 요시다 쇼인(吉田松陰)의 제자이다. 요시다는 당시 조슈번의 수도였던 하기(萩)에서 소카손주쿠라는 학교를 열어 존왕양이 등을 가르쳤고, 그 제자들은 이후 메이지 유신의 주역이 되었다.

　하기(萩)에는 지금도 당시 건물이 남아 있고, 주위에 요시다 쇼인 역사관, 이토 히로부미의 옛집 등이 있다.

하기(萩)의 이토 히로부미 동상 앞에 선 저자